Médicos e Heróis

Dados Internacionais de Catalogação na Publicação (CIP)
(Câmara Brasileira do Livro, SP, Brasil)

Trindade, Diamantino Fernandes
Médicos e Heróis: os caminhos da medicina brasileira
desde a chegada da Família Real até as primeiras décadas da
República / Diamantino Fernandes Trindade; colaboradores:
Ana Paula Pires Trindade, Érico Vital Brazil. – 1ª ed. – São
Paulo: Ícone, 2013.

Bibliografia.
ISBN 978-85-274-1206-3

1. Medicina – História. 2. Medicina como profissão.
I. Trindade, Ana Paula Pires. II. Brazil, Érico Vital. III. Título.

12-05418   CDD-610.9

Índices para catálogo sistemático:

1. Medicina: História.   610.9

Médicos e Heróis

Os caminhos da medicina brasileira desde a chegada da Família Real até as primeiras décadas da República

Diamantino Fernandes Trindade

Colaboradores:
Ana Paula Pires Trindade
Érico Vital Brazil

1ª edição
São Paulo
2013

© Copyright 2013
Ícone Editora Ltda.

NOTA: *Esta é uma obra de divulgação científica com o objetivo de contribuir para uma visão plural da História da Medicina no Brasil e de seus personagens públicos.*

Projeto gráfico, capa e diagramação
Richard Veiga

Gravura da capa
Cirurgião negro aplicando ventosas.
Aquarela de Jean Baptiste Debret (1768-1848)

Revisão
Juliana Biggi
Cláudio J. A. Rodrigues

Proibida a reprodução total ou parcial desta obra, de qualquer forma ou meio eletrônico, mecânico, inclusive por meio de processos xerográficos, sem permissão expressa do editor (Lei nº 9.610/98).

Todos os direitos reservados à:
ÍCONE EDITORA LTDA.
Rua Anhanguera, 56 – Barra Funda
CEP 01135-000 – São Paulo – SP
Tel./Fax.: (11) 3392-7771
www.iconeeditora.com.br
iconevendas@iconeeditora.com.br

DEDICATÓRIA

Esta obra é dedicada a todos os médicos e médicas que exerceram e exercem com dignidade e competência a sua árdua tarefa de cuidar da saúde de seus semelhantes.

Em particular, a alguns desses abnegados profissionais que nos falam diretamente à alma:
Dr. Adib Domingos Jatene
Dr. Adolfo Bezerra de Menezes
Dr. Adolpho Lutz
Dr. Arnaldo Vieira de Carvalho
Dr. Carlos Chagas
Dr. Carlos Juan Finlay
Dr. Emilio Ribas
Dr. Euryclides de Jesus Zerbini
Dra. Gelsomina Colarusso Bosco
Dra. Ismênia Lizardo Abissamra Figueiredo
Dra. Janaina C. O. Vicente de Azevedo
Dr. Jose Armando Mari
Dr. José Carletti Jr.
Dr. Leonardo Alves de Mendonça Jr.
Dra. Luciana Taliberti Salvio
Dr. Manuel Dias de Abreu
Dra. Maria Augusta Generoso Estrella
Dr. Maurício Azevedo Bastos Peroba
Dr. Oswaldo Cruz
Dr. Paulo Cesar Ramos da Fonseca
Dra. Rita Lobato Velho Lopes
Dr. Saulo Guedes
Dr. Sérgio Cavalheiro
Dra. Vera Lucia Vicente Peroba
Dr. Vital Brazil

AGRADECIMENTOS

Ao *Museu Vital Brazil*, em particular ao seu presidente, Senhor Erico Vital Brazil, pelos valiosos depoimentos e colaborações biográficas e textuais. À museóloga Senhora Rosa Esteves, pelas colaborações iconográficas. O museu, inaugurado em 1988, está localizado na casa onde nasceu Vital Brazil, em Campanha, cidade ao sul de Minas Gerais. É uma casa colonial, hoje tombada pelo Decreto Municipal n. 1.411, de 12 de abril de 1985.

Ao *Museu de História da Medicina do Rio Grande do Sul*, que disponibilizou a imagem de Rita Lobato Velho Lopes. O museu possui uma riqueza de documentos, objetos raros e depoimentos, ajudando a recuperar e a narrar não apenas a atividade médica no Rio Grande do Sul, mas a história de nossa sociedade.

À *Fundação Joaquim Nabuco – Pesquisa Escolar Fundaj* – Ministério da Educação pela disponibilização da imagem do Dr. José Correia Picanço.

À Revista *Problemas Brasileiros* pela disponibilização da imagem do Dr. Adib Jatene, do fotógrafo Alexandre Almeida. O periódico publica os trabalhos debatidos no Conselho de Economia, Sociologia e Política da Federação do Comércio do Estado de São Paulo, SESC e SENAC, e matérias de interesse para o esclarecimento de questões nacionais.

À *Fundação Carlos Chagas Filho de Amparo à Pesquisa do Estado do Rio de Janeiro* (FAPERJ), pela disponibilização da imagem de Maria Augusta Generoso Estrella.

À *Academia Nacional de Medicina*, em particular, ao seu presidente, Dr. Pietro Novellino, à Senhora Kátia R. Costa e Silva, museóloga e responsável técnica pelo *Museu Inaldo de Lyra Neves-Manta*, pelas importantes colaborações bibliográficas e pela disponibilização da imagem do painel que retrata a outorga da licença para o funcionamento do que seria a primeira Faculdade de Medicina, em Salvador, Bahia, feita pelo Príncipe Regente D. João.

Ao Senhor Ricardo Brandau, da *Revista Brasileira de Cirurgia Vascular*, pela disponibilização da imagem do Dr. Euryclides de Jesus Zerbini.

Poucas e Boas!

Considero um herói alguém que entende o grau de responsabilidade que acompanha a sua liberdade.

Bob Dylan

Aprendi que se deve escrever na areia o mal que te fazem e gravar no mármore o bem que se recebe.

Dr. Adib Jatene

A arte é longa, a vida breve, a ocasião fugitiva, a experiência falaz, o juízo dificultoso. Não basta que o médico faça por sua vez quanto deve fazer se por outro lado não coincidem ao mesmo objeto, os assistentes e as circunstâncias exteriores restantes.

Hipócrates

Um médico não tem o direito de terminar uma refeição, nem de escolher hora, nem de perguntar se é longe ou perto, quando um aflito qualquer lhe bate à porta.

Dr. Adolfo Bezerra de Menezes

Há um universo de mistérios à nossa volta e me anima a possibilidade da surpresa.

Dr. Emilio Marcondes Ribas

As grandes ideias médicas não pertencem a este ou aquele século, não são sucessivas e sim coexistentes.

Dr. Pedro Nava

Os verdadeiros templos na Terra são os hospitais – não as igrejas. Nas igrejas tem muito ouro, riqueza. Aqui não, você conhece o sofrimento, o valor da existência humana. Os orgulhosos e os soberbos ficam humildes, ricos e pobres são iguais; os ruins, os autoritários e os maldosos se tornam condescendentes.

Dr. Miguel Srougi

Deus! Enche minha alma de amor pela minha profissão e pelas tuas criaturas. Não admitas que a ganância pelo lucro e a ambição pela glória me perturbem a serenidade no exercício da minha profissão, porque esses inimigos da verdade e do amor do próximo poderiam facilmente desviar-me do nobre caminho da prática do bem pelos teus filhos. Deus! Dá-me força para socorrer a toda a hora o pobre, o rico, o inimigo e o amigo, o mau e o bom.

Trecho da Oração do Médico Judeu Medieval

Sumário

Sobre o autor, **13**

Prefácio, **15**

Apresentação, **19**

Introdução, **27**

As primeiras escolas cirúrgicas brasileiras, **71**

A Academia Nacional de Medicina, **89**

As primeiras médicas brasileiras, **95**

O início da pesquisa médica no Brasil, **113**

Oswaldo Cruz, **125**

Carlos Chagas, **143**

Adolpho Lutz, **151**

Vital Brazil, **157**

Emilio Ribas, **171**

Manuel Dias de Abreu e a abreugrafia, **191**

A saúde brasileira retratada nos envelopes de primeiro dia (FDC) e folhinhas filatélicas, **195**

Palavras finais, **219**

Anexos, **221**

Bibliografia, **233**

Sitografia, **238**

Iconografia, **242**

Sobre o autor

Diamantino Fernandes Trindade

- Professor aposentado do Instituto Federal de Educação, Ciência e Tecnologia de São Paulo onde lecionou História da Ciência, Epistemologia da Ciência e do Ensino, Psicologia da Educação e Fundamentos da Educação para os cursos de Licenciatura em Física, Química e Biologia e Pós-Graduação em Formação de Professores. Nesta instituição exerceu ainda as funções de Supervisor de Estágios do curso de Licenciatura em Física, Gerente Acadêmico da Educação Básica e Curador do Clube de Ciência e Tecnologia.
- Lecionou Química na Universidade de Santo Amaro, Universidade de Guarulhos, Universidade Cidade de São Paulo, Faculdades Oswaldo Cruz, Colégio Agostiniano, Colégio XII de Outubro e Escola Técnica Estadual Getúlio Vargas.
- Pesquisador CNPq.

- Pesquisador do Grupo de Estudos e Pesquisa em Interdisciplinaridade (GEPI) da PUC-SP.

- Mestre em Educação pela Universidade Cidade de São Paulo, onde defendeu a dissertação *História da Ciência: um ponto de mutação no Ensino Médio – a formação interdisciplinar de um professor.*

- *Master Science in Education Science* pela City University Los Angeles.

- Doutor em Educação pela PUC-SP, onde defendeu a tese *O Olhar de Hórus – uma perspectiva interdisciplinar do ensino na disciplina História da Ciência.*

- Pós-Doutor em Educação pelo GEPI-PUCSP.

- Autor dos livros: *A História da História da Ciência, Temas Especiais de Educação e Ciências, O Ponto de Mutação no Ensino das Ciências, Os Caminhos da Educação e da Ciência no Brasil, Leituras Especiais sobre Ciências e Educação, Química Básica Teórica, Química Básica Experimental, O Meio Ambiente e a Sociedade Contemporânea.*

- Venerável Mestre da Loja Maçônica Cavaleiros de São Jorge do Grande Oriente de São Paulo.

- Membro da Escola Superior de Guerra.

- Membro da Sociedade Brasileira de História da Ciência.

PREFÁCIO

"[...] É ter de se aproximar do lugar de que todos fogem, é afrontar cotidianamente o perigo, é expor a vida junto de doentes de moléstias transmissíveis e ver a sua abnegação muitas vezes mal recebida por aqueles a quem aproveita.

Os Inspetores Sanitários abrem mão de todo seu bem-estar, do aconchego e da tranquilidade da família para afrontarem os percalços funestos de uma epidemia, oferecendo muitas vezes a vida em holocausto à sanha devastadora dos flagelos humanos. Certo que essa é a parte mais arriscada e penosa da vida do médico, mas, infelizmente, constitui a obrigação ordinária do higienista.

A vida do médico já é reconhecidamente a mais curta entre as muitas profissões intelectuais. Concorrem para isso as fadigas a que são sujeitos, as irregularidades nas horas de refeições e repouso, assim como as moléstias contagiosas a que mais do que ninguém são expostos. As estatísticas mostram que três quartas partes dos médicos morrem antes dos 50 anos e que eles ocupam *a última coluna na escala da longevidade, isto é, dos profissionais que atingem aos 70 anos. É que desde os tempos acadêmicos começa o candidato ao exercício da medicina a arriscar a vida expondo-se a moléstias comunicáveis e pagando às vezes tributo às moléstias infecciosas. No entanto, naquela época o que ele aspirava era conhecer a arte de curar as moléstias, aliviar os doentes e evitar as epidemias. Para conseguir um fim tão humanitário não era bastante o esforço de sua inteligência aplicada durante seis anos (a oitava parte de sua existência média) ao estudo das ciências e à observação clínica, não bastavam os sacrifícios pecuniários, era preciso correr os azares da sorte sujeitando-se a contrair moléstias para as outras profissões evitáveis.*

Depois de formado o médico muitas vezes não tem o direito de tomar para si o conselho que dá aos seus clientes, o de abandonar uma localidade infectada, tem de ficar preso ao solo como o servo à gleba, sob pena de incorrer no desagrado público como trânsfuga do dever, e se exerce a profissão de higienista tem de se aproximar, por desempenho de encargo, da fogueira pestilencial, embora saiba que pode ser devorado pelas chamas e reduzido às cinzas do nada. [...]."

Victor Godinho, *Revista Médica de São Paulo*,
Anno VI, 1903, n. 18, 30 de setembro.

O livro *Médicos e Heróis*: os caminhos da medicina brasileira desde a chegada da Família Real até as primeiras décadas da República nos convida a visitar um dos mais determinantes capítulos da História do Brasil. Faz-nos lembrar de alguns dos nomes que possibilitaram avanços científicos e humanitários, de fatos e feitos que marcaram o desenvolvimento do país.

Por certo, nos diferentes períodos históricos, nas atividades cotidianas em suas diversas regiões, em vários campos do saber, ao longo de seu crescimento, o Brasil foi berço de homens e mulheres que se expressaram heroicamente em suas trajetórias. Seja no anonimato, seja com o devido reconhecimento, são inúmeros os exemplos daqueles que romperam as barreiras do tempo e com amplitude projetaram seus passos para além das precariedades que encontraram, transformando as dificuldades em motivação, colaborando e interferindo para a melhoria da realidade futura.

A Medicina, em especial, nos revela memórias e experiências de compromisso, compromisso com o outro e com o bem coletivo. O proteger, o tratar, o curar, o minimizar o sofrimento humano nos remete ao começo de belas Histórias sem fim. É sobre isso que trata o autor, é esta a matéria-prima e a fonte de inspiração desta obra.

Algumas demarcações deste interessante passeio pela memória da Medicina brasileira merecem ser ressaltadas, em particular, quando o Professor Diamantino nos conta sobre os primórdios da pesquisa médica no Brasil e os tempos de formação das primeiras Escolas Médico-Cirúrgicas do país, assim como quando nos relata sobre o abrir de portas das Faculdades brasileiras para as mulheres que ousaram sonhar em ser médicas.

Certa vez, ao iniciar um de seus depoimentos pessoais, Vital Brazil escreveu: *Recordar é viver. Viver no presente, o passado, é preparar o futuro.*

Só posso desejar uma boa leitura a todos!

Érico Vital Brazil[1]
Casa de Vital Brazil

---

1 Érico Vital Brazil é pesquisador. Após uma formação multidisciplinar com estudos específicos nas áreas de simbolismo e religiões comparadas, dedica-se a atividades de cunho sociocultural. Desde 1996, junto à organização não governamental REDEH – Rede de Desenvolvimento Humano, assina a codireção do projeto "Mulher 500 anos atrás dos panos", que tem como objetivo resgatar e dar visibilidade à participação das mulheres na formação e no desenvolvimento do país. Foi co-organizador do *Dicionário Mulheres do Brasil* (Editora Jorge Zahar, 2000), coautor de *Um rio de mulheres* (Redeh, 2003) e *Mulheres Negras do Brasil* (SENAC Editoras, 2007), pelo qual recebeu, entre outros reconhecimentos, o 30º Prêmio Clio da Academia Paulistana de História; a Medalha Força da Raça de Campinas; o Prêmio Ori da Secretaria Municipal das Culturas do Rio de Janeiro, o 3º Prêmio África Brasil e o 50º Prêmio Jabuti, 1º lugar na categoria Ciências Humanas. Atualmente também ocupa a Presidência da Casa de Vital Brazil.

Apresentação

Prezados leitores e leitoras!
Quando se estuda a História da Ciência no Brasil, percebe-se que até a chegada da Família Real não houve, na verdade, o que se pode chamar de medicina brasileira, visto que as condições sociais, econômicas e culturais da Colônia não propiciaram a formação de uma ciência nacional própria. A política econômica visava apenas ao enriquecimento da Metrópole. Nesse contexto não se podia esperar que a Coroa Portuguesa tivesse alguma preocupação com o bem-estar social e com o desenvolvimento intelectual e científico da sua colônia americana. As práticas médicas da época eram as mais rudimentares possíveis, como poderemos ver no capítulo introdutório.

A medicina brasileira atingiu um patamar de excelência nos últimos anos. O Dr. Adib Jatene cita:[2] *Não há nada no mundo que não se faça aqui. O problema é o acesso.*

Brilhantes profissionais brasileiros são reconhecidos no mundo inteiro como Euryclides de Jesus Zerbini. Formado em

---
2   Entrevista na Revista *Serafina*.

1935, com 23 anos, pela *Universidade de São Paulo*, especializou-se no Hospital das Clínicas em Cirurgia Geral. Nos Estados Unidos estudou Cirurgia Toráxica, Cardíaca e Pulmonar. Começou a dedicar-se à Cirurgia Intracardíaca em 1945. Ao realizar o primeiro transplante brasileiro de coração, em 25 de maio de 1968, tornou-se, junto com sua equipe, reconhecido em todo o país e no exterior. Professor da Universidade de São Paulo, criou o Centro de Ensino de Cirurgia Cardíaca, embrião do futuro Instituto do Coração (Incor). Realizou, pessoalmente ou por meio de sua equipe, mais de quarenta mil cirurgias cardíacas, trabalhando incessantemente até poucos meses antes de falecer, em 23 de outubro de 1993.

Outro baluarte da medicina brasileira, reconhecido internacionalmente, é Adib Domingos Jatene. Formado, em 1953, pela *Faculdade de Medicina da USP*, fez sua pós-graduação no Hospital das Clínicas da Faculdade de Medicina da USP, orientado pelo Dr. Euryclides de Jesus Zerbini. Ingressou, em 1958, nesse hospital e no Instituto Dante Pazzanese de Cardiologia da Secretaria de Estado da Saúde de São Paulo, onde atua como cirurgião. Organizou um laboratório de pesquisa que se tornou um excelente Departamento de Bioengenharia. Permaneceu nas duas instituições até 1961, quando deixou o Hospital das Clínicas, dedicando-se exclusivamente ao Instituto Dante Pazzanese. Em 1979 assumiu a Secretária Estadual de Saúde do Estado de São Paulo, no governo de Paulo Maluf. Foi também Ministro da Saúde dos governos Collor e FHC.

O Dr. Adib Jatene tornou-se um militante da saúde pública. No cargo de Secretário da Saúde, procurou os ministros Delfim Neto, Golbery do Couto e Silva e Leitão de Abreu para captar recursos. Suas ideias foram consideradas interessantes, porém a dificuldade era destinar a verba de fato para a saúde. Em 1992, quando aceitou o convite para ser Ministro da Saúde do governo de Fernando Collor de Melo, travou acirrado embate contra um amontoado de fraudes. No mesmo cargo, no governo de Fernando Henrique Cardoso, a sua batalha foi pela criação da CPMF. Adib

Jatene cita: *descobrimos uma coisa fantástica. Dos cem maiores contribuintes da CPMF, 62 nunca tinham pago imposto de renda. O rico não gosta de pagar imposto. As empresas não pagam, quem paga é quem compra.*[3]

Quando conseguiu a aprovação da CPMF no Congresso Nacional, o governo FHC praticamente abortou as outras fontes de financiamento da saúde. O Dr. Adib Jatene é um inovador na área da saúde. Desenvolveu uma cirurgia do coração e criou um pulmão artificial. Aos 81 anos continua a fazer cirurgias, atende no seu consultório e desenvolve muitos projetos. Atualmente tem em mente outra ideia inovadora para a saúde pública: quer que os médicos que se preparam para a residência médica tenham de permanecer um ou dois anos atendendo a população carente.

Também merece destaque o Dr. Arnaldo Augusto Vieira de Carvalho, mentor da mais antiga escola médica de São Paulo. Destacado cirurgião da sua época, recebeu a tarefa, pelo então Presidente do Estado de São Paulo,[4] Rodrigues Alves, de implantar o ensino médico no Estado. A Lei 1.357, de dezembro de 1912, criou a Faculdade de Medicina e Cirurgia de São Paulo[5] que iniciou suas atividades após sua regulamentação em janeiro de 1913. Foi o primeiro diretor da Instituição e Professor Catedrático da Clínica Ginecológica, cargo que ocupou de 1918 a 1920.

Dr. Arnaldo nasceu em 1867, em Campinas, e graduou-se em 1888 pela Faculdade de Medicina do Rio de Janeiro. Ocupou o cargo de Diretor-Clínico da Santa Casa de Misericórdia de São Paulo entre os anos de 1897 e 1920. Foi considerado um cirurgião de destaque, praticando pela primeira vez no país a gastrectomia, e sendo conhecido pela sua rapidez, perspicácia e inteligência.

---

3 Entrevista na Revista *Serafina*.

4 Cargo equivalente ao de Governador do Estado na atualidade.

5 A Faculdade de Medicina passou a integrar a Universidade de São Paulo em 25 de janeiro de 1934, por meio do Decreto 6.283. A partir dessa data a Escola recebeu a denominação que mantém até os dias de hoje: Faculdade de Medicina da Universidade de São Paulo.

Implantou em São Paulo um ensino médico moderno para a época, convidando destacados profissionais no exterior para assumir as cadeiras básicas iniciais. Foi também responsável pela idealização, em 1920, do *Instituto do Câncer Dr. Arnaldo*.

> *Este médico, que se impressionou com o flagelo do câncer, iniciou um movimento a fim de arrecadar fundos para a criação de uma entidade que tratasse da doença, utilizando-se do radium e de outros métodos eletrofísicos e cirúrgicos para o tratamento da doença. Foi então formada uma comissão com membros da Sociedade de Medicina, os doutores Arnaldo Augusto Vieira de Carvalho, Oswaldo Pimentel Portugal e Raphael Penteado de Barros. Porém, apenas em cinco de novembro de 1929 o hospital conseguiu abrir suas portas, em terreno cedido pela Santa Casa de São Paulo, onde funciona até hoje. Desde então, não deixou mais de prestar este essencial serviço para a comunidade. O Dr. Arnaldo Vieira de Carvalho não teve tempo suficiente para ver a concretização de sua obra, vindo a falecer no mesmo ano que se deu início ao projeto, em 1920.*[6]

Precisaríamos de muitos volumes para escrever sobre os grandes médicos brasileiros, porém esse não é o objeto deste livro. Para que a medicina de ponta brasileira atingisse esse *status*, um longo caminho repleto de dificuldades, principalmente econômicas, precisou ser pavimentado por abnegados profissionais. Pretendemos nesta obra mostrar, em particular, como isso ocorreu no século XIX e nas primeiras décadas do século XX, quando ocorreu um grande avanço na pesquisa médica brasileira em função das várias epidemias que se alastravam pelo país, principalmente na antiga Capital Federal. O desenvolvimento da saúde pública no Brasil teve

---

6 *Um pouco da história do Instituto do Câncer Dr. Arnaldo.*

nessa época uma importante participação dos principais médicos sanitaristas e suas equipes que, com suas ações e dedicação, contribuíram para que muitos brasileiros não fossem dizimados por várias doenças.

Figuras ilustres como Adolpho Lutz, Emilio Ribas, Vital Brazil, Oswaldo Cruz e Carlos Chagas serão abordadas neste livro, bem como a situação social e econômica do Brasil da época em questão que propiciava problemas de saúde pública de toda ordem. Estes cinco brilhantes médicos tinham uma íntima relação de trabalho e pesquisa. Nunca tiveram a preocupação de conquistar cargos a qualquer preço. Eram simples e dedicaram suas vidas à saúde do povo. Por isso foram grandes seres humanos e grandes cientistas, e permanecerão sempre vivos no coração dos brasileiros.

Escreveremos também sobre as primeiras escolas cirúrgicas brasileiras e as dificuldades enfrentadas pelas mulheres brasileiras nas suas conquistas pelo direito de estudar Medicina no final do século XIX, em particular Maria Augusta Generoso Estrella e Rita Lobato Velho Lopes, e a primeira parteira formada pela *Faculdade de Medicina do Rio de Janeiro*, em 1834. Uma atenção especial é dedicada também aos tropicalistas baianos, precursores da pesquisa científica médica brasileira: Otto Edward Henry Wücherer, José Francisco da Silva Lima, John Ligertwood Paterson e Manuel Augusto Pirajá da Silva.

O objeto desta obra incide sobre os problemas da saúde brasileira no período compreendido desde a chegada da Família Real até as primeiras décadas da República. No entanto, faz-se necessário uma pequena abordagem histórica desde os tempos do início da colonização para que o leitor possa melhor entender o contexto social da Medicina no início do século XIX.

Procuramos, na medida do possível, ilustrar a obra com diversas imagens. No entanto, em alguns capítulos, isso não ocorre de maneira adequada, pois as autorizações de uso não foram disponibilizadas pelas instituições. Em muitas ocasiões os nossos queridos pesquisadores foram homenageados com emissão de selos, envelopes de primeiro dia de circulação e folhinhas filatélicas. Algumas cédulas do nosso dinheiro também prestaram justa homenagem aos nossos heróis da Medicina. Alguns desses registros históricos são apresentados no livro.

Desde o começo do século XX, a propaganda de produtos farmacêuticos tornou-se uma manifestação forte de persuasão. Mensagens em bondes, em um tempo em que não havia mídia como conhecemos hoje, prometiam curar os doentes de bronquite e outros males respiratórios. Apresentamos na sessão de anexos curiosas propagandas sobre o tema: um telegrama com propaganda do Xarope Tossilan; um reclame do famoso Xarope São João; alguns itens de divulgação do Xarope Roche de Thiocol e não podia faltar o tradicional Xarope de Rhum Creosotado.

Figura 1: **Dr. Euryclides de Jesus Zerbini.**
Foto de Sergio Spezzia. Fonte: *Revista Brasileira de Cirurgia Vascular.* <http://www.rbccv.org.br>.

Figura 2: **Dr. Adib Jatene.**
Fonte: Alexandre Almeida/*Revista Problemas Brasileiros*.

Figura 3: **Dr. Arnaldo Vieira de Carvalho.**
Fonte: A Cultura Brasileira – Fernando de Azevedo.

Figura 4: **Cartão-Postal. Faculdade de Medicina da Universidade de São Paulo na década de 1930.**
Fonte: <http://pt.wikipedia.org>.

Figura 5: **Santa Casa de Misericórdia de São Paulo no início do século XX.**
Fonte: *Impressões do Brazil no Século Vinte*, editado e impresso na Inglaterra por Lloyd's Greater Britain Publishing Company, Ltd., 1913.

Introdução

Mestre João Faras era bacharel em artes e medicina, astrônomo, astrólogo e cirurgião do rei D. Manuel. Fazia parte da expedição de Pedro Álvares Cabral e foi o primeiro europeu a exercer funções de médico no Brasil. O historiador português Sousa Viterbo chegou à conclusão de que Mestre João era Joam Farás, um judeu converso natural da Galiza, em Espanha, e acredita-se que tenha se fixado em Portugal por volta de 1485.

A sua carta, datada de 28 de abril de 1500, enviada ao Rei D. Manuel, é um dos documentos escritos durante a viagem de Cabral ao Brasil, dando ciência ao rei de Portugal D. Manuel I sobre o "descobrimento". Nela o autor revela a existência de um antigo mapa-múndi pertencente a Pero Vaz Bisagudo, em que já constaria a localização desta terra. Descoberta pelo historiador brasileiro Francisco Adolfo de Varnhagen,[7] a carta foi publicada pela primeira vez em 1843, na *Revista do Instituto Histórico e Geográfico Brasileiro*.

---

[7] Visconde de Porto Seguro (1816 – 1878) foi um militar, diplomata e historiador brasileiro.

Fala dos bons ares e do clima ameno da nova terra, bem como a ausência de várias doenças comuns na Europa. Poucas enfermidades acometiam os índios e, quando isso ocorria, eram tratadas pelos curandeiros tribais que tratavam as enfermidades associando processos ritualísticos com o uso de produtos vegetais e animais. Para Santos Filho:[8] *entre os selvagens brasileiros o pajé ou "caraíba", ou "piaga", foi o sacerdote, o feiticeiro, o adivinho e o curador.* Os colonizadores reprovavam estes procedimentos, pois o seu objetivo era cristianizar os indígenas e, para tanto, precisavam eliminar as influências dos pajés.

> *Mestre João Faras foi quem realizou as primeiras observações astronômicas no território brasileiro, conforme se pode notar pelos seus comentários nesta correspondência em que se identificam as estrelas da constelação do Cruzeiro do Sul, configurada na Bandeira do Brasil. A carta de Mestre João, documento científico e informativo, é o único texto escrito na semana em que a frota ficou ancorada na atual Baía Cabrália que contém um esboço descritivo das estrelas do céu brasileiro. Os comentários a respeito do uso dos diversos instrumentos astronômicos da arte de navegar demonstram como os portugueses detinham o que de mais avançado se sabia no tempo a respeito da ciência náutica.*[9]

A seguir apresentamos, como importante registro histórico, a carta traduzida:

Carta de Mestre João (28/04/1500)
Senhor: O bacharel mestre João, físico e cirurgião de Vossa Alteza, beijo vossas reais mãos. Senhor: porque, de tudo o cá passado, largamente escreveram

---

8 *Pequena História da Medicina Brasileira.*

9 *A Carta de Mestre João Faras.* Ministério da Cultura – Fundação Biblioteca Nacional.

a Vossa Alteza, assim Aires Correia como todos os outros, somente escreverei sobre dois pontos. Senhor: ontem, segunda-feira, que foram 27 de abril, descemos em terra, eu e o piloto do capitão-mor e o piloto de Sancho de Tovar; tomamos a altura do sol ao meio-dia e achamos 56 graus, e a sombra era setentrional, pelo que, segundo as regras do astrolábio, julgamos estar afastados da equinocial por 17°, e ter, por conseguinte a altura do polo antártico em 17°, segundo é manifesto na esfera. E isto é quanto a um dos pontos, pelo que saberá Vossa Alteza que todos os pilotos vão tanto adiante de mim, que Pero Escobar vai adiante 150 léguas, e outros mais, e outros menos, mas quem diz a verdade não se pode certificar até que em boa hora cheguemos ao cabo de Boa Esperança e ali saberemos quem vai mais certo, se eles com a carta, ou eu com a carta e o astrolábio. Quanto, Senhor, ao sítio desta terra, mande Vossa Alteza trazer um mapa-múndi que tem Pero Vaz Bisagudo e por aí poderá ver Vossa Alteza o sítio desta terra; mas aquele mapa-múndi não certifica se esta terra é habitada ou não; é mapa dos antigos e ali achará Vossa Alteza escrita também a Mina. Ontem quase entendemos por acenos que esta era ilha, e que eram quatro, e que doutra ilha vêm aqui almadias[10] a pelejar com eles e os levam cativos. Quanto, Senhor, ao outro ponto, saberá Vossa Alteza que, acerca das estrelas, eu tenho trabalhado o que tenho podido, mas não muito, por causa de uma perna que tenho muito mal, que de uma coçadura se me fez uma chaga maior que a palma da mão; e também por causa de este navio ser muito pequeno e estar muito carregado, que não há lugar para coisa nenhuma. Somente mando a Vossa Alteza como estão situadas as estrelas do (sul), mas em que grau está cada uma não o pude saber, antes me parece

---

10 Embarcação comprida e estreita (nota do autor).

ser impossível, no mar, tomar-se altura de nenhuma estrela, porque eu trabalhei muito nisso e, por pouco que o navio balance, se erram quatro ou cinco graus, de modo que se não pode fazer, senão em terra. E quase outro tanto digo das tábuas da Índia, que se não podem tomar com elas senão com muitíssimo trabalho, que, se Vossa Alteza soubesse como desconcertavam todos nas polegadas, riria disto mais que do astrolábio; porque desde Lisboa até às Canárias desconcertavam uns dos outros em muitas polegadas, que uns diziam, mais que outros, três e quatro polegadas, e outro tanto desde as Canárias até às ilhas de Cabo Verde, e isto, tendo todos os cuidados que o tomar fosse a uma mesma hora; de modo que mais julgavam quantas polegadas eram, pela quantidade do caminho que lhes parecia terem andado, que não o caminho pelas polegadas. Tornando, Senhor, ao propósito, estas Guardas nunca se escondem, antes sempre andam ao derredor sobre o horizonte, e ainda estou em dúvida que não sei qual de aquelas duas mais baixas seja o polo antártico; e estas estrelas, principalmente as da Cruz, são grandes quase como as do Carro; e a estrela do polo antártico, ou Sul, é pequena como a da Norte e muito clara, e a estrela que está em cima de toda a Cruz é muito pequena. Não quero alargar mais, para não importunar a Vossa Alteza, salvo que fico rogando a Nosso Senhor Jesus Cristo que a vida e estado de Vossa Alteza acrescentem como Vossa Alteza deseja. Feita em Vera Cruz no primeiro de maio de 1500. Para o mar, melhor é dirigir-se pela altura do sol, que não por nenhuma estrela; e melhor com astrolábio, que não com quadrante nem com outro nenhum instrumento.

Do criado de Vossa Alteza e vosso leal servidor.
Johannes
Artium et medicine bachalarius

Parece que a medicina de Mestre João não era das mais eficientes, pois como podemos ver na carta não estava conseguindo curar uma ferida proveniente de uma coçadura. Mestre João seguiu com a frota Cabral para a Índia.

Os "descobridores" do Brasil encontraram uma terra habitada por gente sadia. Pero Vaz de Caminha descreveu os indígenas como "mancebos de bons corpos, de bons rostos e narizes bem feitos". O Padre Manoel da Nóbrega informava: "desde que aqui cheguei, nunca ouvi dizer que morresse alguém de febre, mas de velhice". Anchieta escrevia: "raramente há entre eles um cego, um surdo, um imperfeito ou um coxo. Nestes delicados ares e mui sadios, os homens vivem noventa anos". Américo Vespúcio, um pouco exagerado, relatou em sua carta, de 1503, dirigida a Pedro Lourenço de Médici: "o pais é belo, de doce clima. Os homens e as mulheres são de grande perfeição física e nunca adoecem, e vivem em média 150 anos. Os habitantes são felizes, ignorando a propriedade, a moeda, o comércio, e inteiramente livres".

Os depoimentos mostram a longevidade dos índios. Este foi o estado de saúde dos indígenas que os portugueses encontraram no Brasil. Conforme Santos Filho:[11]

> *Para eles, a doença era provocada por uma causa natural, reconhecível ou visível, a exemplo de uma flechada, ou, então, sobrevinha por uma influência oculta, sobrenatural, que faria aparecer a dor, ou a febre, ou outro sintoma, como o vômito e a diarreia. A origem das doenças resumia-se na introdução de um agente ou de um objeto estranho no corpo, por causas naturais ou sobrenaturais. Obter-se-ia a cura pela extração do agente por via de processos também naturais e sobrenaturais. Práticas mágicas afastariam a maléfica ação dos entes superiores provocadores da doença, enquanto*

---

11 *Pequena História da Medicina Brasileira.*

> *os sintomas evidentes eram combatidos pelo uso de elementos dos três reinos da natureza, principalmente o vegetal.*

O Padre Manoel da Nóbrega, em um dos seus registros, faz uma interessante referência ao fumo: *todas as comidas são muito difíceis de desgastar, mas Deus remediou isto com uma erva, cujo fumo muito ajuda na digestão e a outros males corporais e a purgar a fleuma do estômago.*

Na época da catequese, os jesuítas moveram feroz campanha de desmoralização contra os pajés, desmerecendo os seus poderes sobrenaturais. Os jesuítas assediavam moralmente os indígenas e substituíram os pajés até mesmo como curadores.

Nava[12] aponta que:

> *O influxo médico inaugural da Metrópole sobre o Brasil em formação não se deu por via da erudição qualificada de seus físicos e cirurgiões, mas por intermédio dos conhecimentos e da experiência de medicina popular possuídos pelos navegadores, pelos imigrantes, pelos degredados e pelos padres que aqui aportaram nos primeiros anos de nossa vida.*

Historicamente, uma importante contribuição para a saúde do povo brasileiro foi a criação das Santas Casas de Misericórdia. A *Ordem das Santas Casas de Misericórdia* foi instituída em Portugal pela Rainha Leonor de Lancastre, sob a inspiração do Frei Miguel de Contreras, no ano de 1498, tendo como principal objetivo a prática de obras assistenciais. Nava[13] cita que:

---

12 *Capítulos da História da Medicina no Brasil.*
13 Idem.

As Irmandades da Misericórdia de todas as terras onde ficou marcado o gênio lusitano buscaram seu modelo e conformaram-se no espírito da instituição criada por Frei Miguel de Contreras em Lisboa, e cujo fim era levantar contra os pecados sociais o antídoto da prática das sete obras meritórias do Evangelho: dar de comer aos que tem fome; de beber aos que tem sede; vestir os nus; curar os enfermos; remir os cativos e visitar os presos; dar pousadas aos peregrinos; e enterrar os mortos.

Contreras corporificou uma ideia porque deu forma material e meio de aplicação a concepções de misericórdia contidas nos Evangelhos e que são as de caridade. A criação de hospitais era um ponto fulcral dessas irmandades, pois uma de suas obras é "curar os enfermos".

No início da colonização no Brasil, a longa travessia oceânica causava distúrbios orgânicos aos navegantes como as avitaminoses e o escorbuto. Os viajantes chegavam cansados, mal alimentados, desnutridos e quando desembarcavam não havia um local para abrigá-los. Logo os jesuítas passaram a receber, em suas residências e colégios, esses recém-chegados que eram acomodados e tratados. Os habitantes locais também ali recebiam tratamento para as suas enfermidades. Essa é a origem das *Enfermarias Inacianas* no Brasil.

Com o aumento gradativo da população, não era possível às enfermarias jesuíticas atender a todos. Os colonizadores perceberam a necessidade da criação de hospitais que pudessem atender o povo. Surgiram então as Irmandades de Misericórdia, com seus abrigos e hospitais: as Santas Casas.

A escassez de documentação não permite uma grande precisão histórica sobre essas instituições. Algumas evidências apontam que a primeira delas começou a ser construída em 1542, por Bráz

Cubas,[14] e a sua fundação ocorreu em 1543, no povoado que daria origem à Vila de Santos, na Capitania de São Vicente. Gradativamente outras foram surgindo como a Santa Casa de Misericórdia de Salvador, em 1549. A Santa Casa da Misericórdia do Rio de Janeiro foi fundada em 1582.[15] No verso da Folhinha Comemorativa dos 390 anos da instituição podemos ler:[16]

> *O sesquicentenário do glorioso brado de D. Pedro I, que elevou o Brasil ao rol das Nações, coincide com o 390º aniversário da Santa Casa da Misericórdia do Rio de Janeiro, erigida pelo Venerável Padre Anchieta, precisamente, a 24 de março de 1582.*
>
> *Sua história tem marcos definitivos. No século passado, quando a varíola, a cólera e a febre amarela assolaram o Rio, seus hospitais foram abertos às vítimas das pestes. Homens livres e escravos receberam o mesmo tratamento, impressionando a D. Pedro II, na visita que fez a um isolamento da instituição.*
>
> *Dois anos após a descoberta da vacina contra a raiva, em Paris, a Santa Casa fundava o Instituto Pasteur, salvando milhares de vidas até então irremediavelmente perdidas pela hidrofobia.*
>
> *Todos os Chefes de Estado, a partir de D. Pedro I ao General Emílio Garrastazu Médici, visitaram-na, exaltando sua obra humanitária, que já prestou mais de 20 milhões de atendimentos.*

---

14 Auxiliado por Pascoal Fernandes, Domingos Pires, Francisco Adorno, José Adorno e Luiz de Góes.

15 Apesar de ter sido motivo de controvérsias durante muitos anos, a data de fundação do Hospital Geral da Santa Casa da Misericórdia do Rio de Janeiro foi oficialmente fixada em 24 de março de 1582, em sessão de Mesa e Junta realizada em 9 de março de 1967. Disponível em: http://almacarioca.com.br. Segundo o historiador Félix Ferreira (1899), a instituição teria sido criada em 1545 ou 1547, antes da fundação da cidade do Rio de Janeiro (1565), coincidindo com os primeiros núcleos de povoamento das margens da Baía de Guanabara.

16 Figura 78.

O espírito caritativo da nobre gente portuguesa, à frente o Grande Provedor José Clemente Pereira, foi fundamental nos alicerces do monumento de Caridade, que é a Santa Casa, com seus sete hospitais, quatro educandários, uma colônia de férias e um repouso para pessoas idosas, destinados à população pobre.

Estado da Guanabara, 24 de março de 1972.

Transcrevemos as palavras de Frei Agostinho de Santa Maria[17] sobre o tema, preservando a ortografia da época (início do séc. XVII):

Pelos annos de 1582 se entende teve princípio a Casa de Misericórdia do Ryo de Janeiro, ou poucos annos antes: porque neste anno chegou áquelle porto huma Armada de Castella, que constava de dezasseis náos, em que hiam tres mil hespanhoes, mandados por Felippe II de Hespanha e I de Portugal, a segurar o estreyto de Magalhaens, de que era General Diogo Flores Baldes. Com os temporaes padeceu esta Armada muyto, porque lhe adoeceu muyta gente, & assim chegou ao Ryo de Janeyro, bem necessitados de remedio & agasalho. Achava-se naquella Cidade o Veneravel Padre Joseph de Anchieta, visitando o Collegio que alli tem a Companhia fundado no ano de 1567. Como o veneravel Padre Joseph de Anchieta era Varão Santo levado da Caridade, tomou muyto por sua conta a cura & o remedio de todos aquelles enfermos, dando traça como se lhes assinasse huma em que pudessem ser curados todos & assistidos; para o que destinou alguns Religiosos & assistindo também elle ao mais com as medicinas. Médico & Cirurgião. Com esta ocasião teve principio o

---

17 Frei Agostinho de Santa Maria, originalmente Manuel Gomes Freire, nasceu em Estremóz, Portugal, em 1642, tendo falecido em Lisboa, em 1728. Tornou-se frei Agostiniano Descalço em 1664 e exerceu vários cargos nessa ordem.

Hospital da Cidade de São Sebastião do Ryo de Janeyro. E entendendo muytos que então tivera principio a Casa de Santa Misericordia, que hoje é nobilissima. Nesse tempo (como dizemos) os irmãos daquella Santa Casa, novamente erecta tomavam por sua conta acudir também ao Hospital; o que fizeram com grande caridade, & o foram augmentando no material com tanta grande & tão perfeytas enfermarias, como hoje se vem, aonde se curam todos os enfermos de hum & de outro sexo, com eximia Caridade.

A Santa Casa de Misericórdia é a mais antiga instituição assistencial e hospitalar em funcionamento na Cidade de São Paulo. Em 1560 foi criada a Confraria da Misericórdia de São Paulo dos Campos de Piratininga. Funcionou, de início, no Pátio do Colégio e, a seguir, nos Largos da Glória e Misericórdia, até a inauguração, em 1884, do Hospital Central, em Vila Buarque, sua sede até os dias atuais.

Nos primeiros tempos da colonização, praticamente todos os jesuítas, dentre eles Anchieta e Nóbrega, dedicaram-se às práticas curativas, lancetando, sangrando[18] e até fazendo partos. Além de serem preciosos documentos históricos sobre o Brasil do século XVI, as *Cartas Jesuíticas*, correspondências trocadas entre os jesuítas e seus superiores e colegas da Companhia de Jesus na Europa, narravam as dificuldades da terra a catequizar e, algumas vezes, fatos e histórias de interesse científico. Contêm importantes dados e observações acerca da patologia e terapêutica das doenças observadas e os medicamentos aplicados. Nas boticas dos colégios jesuíticos havia uma farmacopeia manuscrita com o título de *Coleção*

---

18 Todos os povos, e todas as civilizações, utilizaram a sangria como terapêutica polivalente para diversas doenças. A princípio como um ritual permeado de conteúdo sobrenatural e posteriormente fundamentado nas doutrinas que justificavam tal prática. Uma variante muito utilizada da sangria era a aplicação de sanguessugas. No início do século XIX o comércio de sanguessugas era uma atividade bastante lucrativa, principalmente na Europa.

de Receitas, onde apareciam diversos tipos de medicamentos e sua indicação para cada enfermidade.

Cabe aqui uma pequena explicação sobre a prática da sangria. O médico e anatomista grego Erasistratus (304 AEC – 250 AEC) formulou o conceito de *plethoras*, enfermidades causadas pelo excesso de substâncias (sangue, muco, bile preta e bile amarela) no corpo. Havia hipótese que a enfermidade fosse provocada pelo excesso de sangue. Para equilibrar o volume do sangue, o médico (*iatrós*) ministrava algo para induzir o vômito, fazendo com que o fluxo sanguíneo ficasse mais concentrado, ou cortava uma veia do braço para dar vazão ao sangue. Outra prática utilizada para esse fim era a aplicação de sanguessugas.

Figura 6: **Pintura em vaso grego antigo mostrando um médico (iatrós) fazendo uma sangria.**
Fonte: <http://pt.wikipedia.org>.

Os europeus trouxeram consigo uma pesada herança para os nativos da terra: doenças aqui desconhecidas como a varíola e o sarampo, que mataram milhares deles. Vieram de lá também a tuberculose, a lepra, as doenças venéreas e muitas outras. Algum tempo depois do início da colonização começaram a ser registrados casos de várias enfermidades desconhecidas dos indígenas: gripe, pneumonia, malária, disenteria bacilar e outras infecções.

> *O Padre Simão de Vasconcelos assinala já em 1549 uma epidemia não identificada e logo depois, em 1554, "uma peste terrível de priorizes" que assolou São Vicente, e que poderia ser interpretada como um surto de gripe com complicações pleuropulmonares.*[19]

O Padre Anchieta narrou um surto de varíola proveniente, segundo ele, *de uma nau que aportou à Bahia em 1561, com bexiguentos a bordo.* Um surto maior assolou Pernambuco em 1565. Southey[20] cita também duas epidemias de varíola. Uma de 1564, que assolou a população indígena do Recôncavo e outra, de 1665, que flagelou o litoral, de Pernambuco ao Rio.

A sífilis também foi trazida da Europa para o Brasil. No século XVII foram registrados muitos casos de lepra,[21] provavelmente trazida pelos franceses. No final do século XVII irrompeu em Pernambuco a febre amarela. Essas doenças adaptaram-se e tornaram-se endêmicas ou epidêmicas. Como não eram conhecidas as etiologias[22], tratava-se apenas os sintomas.

Em 1543 o Rei de Portugal nomeou o primeiro físico (médico ou licenciado), chamando Jorge Valadares para exercer as funções no Brasil. Chegou com Tomé de Souza, junto do boticário Diogo de Castro, em 1543, e exerceu o cargo de físico-mor até 1553. Substitui-o Jorge Fernandes que veio com o segundo Governador-Geral, Duarte da Costa, e exerceu o cargo de físico em Salvador até 1557. Com Mem de Sá, em 1557, veio o cirurgião Afonso Mendes, que

---

19 Pedro Salles. *História da Medicina no Brasil.*
20 *History of Brazil.*
21 Hanseníase.
22 Etiologia é o estudo sobre a causa ou a origem de uma determinada doença.

exerceu a Medicina até em 1572, falecendo em 1577. E assim foram se sucedendo os poucos médicos enviados pela Coroa Portuguesa.

Mauricio de Nassau, em 1637, trouxe em sua comitiva o médico Wilhem Piso (1611-1678), autor da primeira parte da *Historia naturalis brasilieae*,[23] publicada em Amsterdam em 1648, denominada *De Medicina Brasiliensi*, um verdadeiro tratado de patologia brasileira da época que versava sobre o ar, as águas, doenças endêmicas, venenos e seus antídotos. Piso foi um perfeito observador do campo médico brasileiro, realizando uma excelente obra de investigação clínica. Conforme Salles[24] *foi o precursor da medicina científica no Brasil, introduzindo normas de observação clínica e experiência consoante métodos científicos, inclusive a verificação de diagnósticos pela autópsia.*

O prestígio dos medicamentos americanos, baseado nas plantas medicinais desconhecidas dos médicos da época, foi grande, duradouro e relevante, após a divulgação do trabalho de Piso e Marcgraf,[25] na Holanda. Podemos considerar este momento da História do Brasil como o início da observação científica. Antes dele fica a fase indecisa, confusa e pouco conhecida dos primórdios da colonização, onde havia a crendice que as doenças eram castigos divinos aos seres humanos pecadores, as epidemias assolavam as nações como advertência e flagelo aos reis insubmissos e irreverentes. Deus fustigava os corpos dos seres humanos com enfermidades para que se arrependessem dos seus pecados. Os sacerdotes católicos e, também alguns médicos da época, consideravam as doenças

---

23 Foi o primeiro livro médico que trata do Brasil, onde Willem Piso se utiliza de observações feitas pelos naturalistas George Marcgraf, H. Gralitzio e João de Laet.

24 *História da Medicina no Brasil.*

25 George Marcgraf era um naturalista alemão com formação em matemática, história natural, astronomia e medicina. Veio para o Brasil em 1638 e ficou até 1643. Realizou três expedições em Pernambuco, Paraíba, Rio Grande do Norte e Ceará. Escreveu boa parte da obra *Historia naturalis brasilieae* que seria publicada após sua morte. Na década de 1630, com Piso, visitaram o Nordeste, descreveram e desenharam centenas de espécies e a *Historia naturalis brasilieae* é o resultado dessa incrível pesquisa científica que seria utilizada por Lineu para conceber seu conceito de espécie.

como eficiente remédio para os abusos da alma. Deste modo, as enfermidades eram o preço justo pelas intemperanças das pessoas.

Nava[26] diz que esta era uma visão *da medicina pré-hipocrática, tanto a moléstia quase sempre considerada como castigo divino, como o tratamento quase sempre dominado pelas dominações do sacrifício e da purificação.*

Gomes[27] aponta que:

> *Por três séculos, a Igreja havia mantido submissos o povo, seus nobres e reis. Por escrúpulos religiosos, a Ciência e a Medicina eram atrasadas ou praticamente desconhecidas. D. José, herdeiro do trono mais velho do Príncipe Regente, D. João VI, havia morrido de varíola porque sua mãe, D. Maria I, tinha proibido os médicos de lhe aplicar vacina. O motivo? Religioso. A rainha achava que a decisão entre a vida e a morte estava nas mãos de Deus e que não cabia à Ciência interferir nesse processo.*

A Medicina dessa época seguia os princípios oriundos da antiguidade greco-romana. Era a ciência de Hipócrates, Galeno e seus tradutores e comentadores árabes; dependia ainda da manifestação do sobrenatural, dos influxos dos astros e socorria-se da alquimia medieval. A sua prática era empírica. Priore[28] cita que *nos tempos da colonização, o médico era um criador de conceitos, e cada conceito elaborado tinha uma função no interior de um sistema que ultrapassava o domínio da medicina propriamente dito.*

As nações europeias mais desenvolvidas vivenciavam um significativo avanço científico e cultural na metade do século XVII, porém em Portugal havia uma estagnação em função da Inquisição que perseguia os pensadores que discordavam das ideias dogmá-

---

26 *Capítulos da História da Medicina no Brasil.*

27 *1808.*

28 *Magia e Medicina na Colônia: o corpo feminino.*

ticas da Igreja Católica. Os jesuítas, o Tribunal do Santo Ofício e a Monarquia formavam uma barreira intransponível contra as tentativas de mudanças científicas e culturais. Também o ensino médico oficial era refratário a qualquer progresso e os doentes eram tratados de forma dogmática. Essa situação refletia-se também no Brasil e a cura das enfermidades estava diretamente ligada ao total de pecados dos pacientes. A situação das mulheres era ainda pior, pois suas enfermidades eram associadas à presença do *Demônio*.

A saúde pública no Brasil praticamente não existia nos tempos coloniais. O pajé, com suas ervas e cantos, e os boticários, que viajavam pela Colônia, eram as únicas formas de assistência à saúde. As primeiras medidas de saúde preventiva foram tomadas na Capitania de Pernambuco, quando da ocorrência de uma epidemia, provavelmente de febre amarela, em 1690. Foram determinadas pelo Governador Marquês de Montebelo, orientadas pelo médico Ferreira da Rosa e executadas pelos denominados *Bandos de Saúde*, formados por um voluntário Provedor de Saúde e quatro contínuos remunerados. Salles[29] diz que foi instituída a "quarentena de fogos" em todas as ruas, sendo o pau-brasil considerado a "lenha ideal, melhor de todas". Naquelas fogueiras eram lançados ramos de murta, incenso, bálsamo, galhos de aroeira e erva-cidreira. Outra boa medida seriam os estrondos de artilharia.

Além disso, foi determinada a limpeza das residências, com a remoção de toda sujeira das cloacas e durante a noite, com portas e janelas fechadas, eram queimados, em incensórios, pétalas de rosas secas, lascas de sândalo, benjoim e alecrim que espantavam os mosquitos.

O panorama da Medicina até o final do século XVIII era desanimador. A baixa quantidade de médicos e cirurgiões propiciavam condições de sucesso aos curandeiros, benzedores e feiticeiros. Na metade do século XVIII, a cidade do Recife, com aproximadamente 30 mil habitantes, contava com três médicos. Em 1789,

---

29 *História da Medicina no Brasil.*

havia no Rio de Janeiro apenas quatro médicos para cerca de 43 mil moradores. Em 1804, a cidade de São Paulo tinha apenas um médico. Em 1822, tinha sete médicos e três boticários.

Em março de 1813, o Dr. Antonio Joaquim de Medeiros escreveu no periódico *O Patriota*,[30] um artigo sobre as péssimas condições de saúde da população do Rio de Janeiro. Na página 4 cita:

> *As moléstias, que mais vulgarmente costumam acontecer aos habitantes do Rio de Janeiro, e por isso as chamo de endêmicas, são as erisipelas, as doenças da pele, as obstruções do fígado, em que, quase sempre, interessa o pulmão, conhecida no país debaixo do nome de tubérculos;[31] e finalmente as afecções hemorroidais.*

Mais adiante relata que, na época, as moléstias de pele eram vulgares no Brasil e, como tal, endêmicas. As sarnas, a impigem,[32] o escorbuto e mesmo a elefantíase eram comuns nos lares do Rio de Janeiro. No outono e verão eram comuns as febres biliosas, as disenterias e as bexigas,[33] e no inverno e primavera as defluxões,[34] as febres catarrais, as hemoptises,[35] os reumatismos e os estupores.[36] Dizia também que, em 1812, surgiu a coqueluche nas crianças, moléstia desconhecida até então no Brasil. O Dr. Antonio apontava algumas das causas dessas enfermidades:

---

30 Foi publicado entre 1813-1814. Era na época o periódico nacional que mais se assemelhava a uma revista científica.

31 Nódulos arredondados dentro dos pulmões no caso de o paciente apresentar tuberculose (nota do autor).

32 Micose de pele, causada por fungos chamados dermatófitos (nota do autor).

33 Nome popular da varíola (nota do autor).

34 Escoamento de humores, coriza (nota do autor).

35 Expectoração sanguínea através da tosse, causada pela hemorragia da árvore respiratória (nota do autor).

36 Doença também conhecida como *acinesia* em que ocorre o entorpecimento da inteligência e da sensibilidade acompanhada por pronunciada diminuição da faculdade de exibir reações motoras (nota do autor).

> **1º.** *A imundice que se encontra no interior da cidade;*
> **2º.** *As águas estagnadas, que apodrecendo pelo grande calor exalam os mais pestíferos vapores. Somente os eflúvios, que emanam das águas encharcadas, que perenemente existem dentro da cidade, os vapores, que lançam as imundices amontoadas nos largos e praças, e o grande fedor, que vem de uma grande vala, que se abriu para dar escoante às águas, mas que serve para despejo dos moradores circunvizinhos, bastariam para fazer o Rio de Janeiro endêmico, quanto mais concorrendo com outra causa mais poderosa que as primeiras, o ar úmido e quente, que combinando-se com os eflúvios e as imundices fica mais alterado, mais corrupto, mais degenerado, e mais capaz de produzir enfermidades.*

Alguns médicos diziam que a situação só não era mais grave porque havia uma saudável exalação das matas vizinhas à cidade, o que já ressaltava a necessidade de conservar as florestas nas grandes cidades. Ferreira[37] aponta as medidas que eram recomendadas:

> *Além da preservação da cobertura vegetal, a limpeza regular das ruas e praças, o despejo dos esgotos fora da baía, o dessecamento dos lugares alagadiços, a eliminação de alguns morros que impediam a livre circulação dos ventos e a reformulação da forma de construção das casas, que deveriam ser mais altas e ventiladas. Se tais medidas higiênicas fossem adotadas, acreditavam os médicos, em pouco tempo, o Rio de Janeiro se converteria numa cidade organizada, ventilada, sem imundícies, enfim, numa cidade com razoável grau de salubridade.*

---

37 *Os periódicos médicos e a invenção de uma agenda sanitária para o Brasil (1827-43).*

O controle das licenças para exercer a Medicina remonta ao ano de 1521, quando o Rei D. Manuel criou a *Fisicatura-Mor* que era dirigida por um físico-mor, que, juntamente com um cirurgião-mor, fiscalizavam e licenciavam os médicos, para poderem exercer a profissão no Reino e nas Colônias por meio de seus delegados. Em 17 de junho de 1782 este poder passou a ser exercido pela *Real Junta do Protomedicato*, grupo de médicos que cuidava da saúde pública, do exame dos boticários, da fiscalização das boticas etc. A junta era formada por sete deputados, todos físicos e cirurgiões, dois secretários e um porteiro. O médico mais antigo era o presidente. Em sete de janeiro de 1809, um alvará do Príncipe Regente D. João aboliu essa junta e seu trabalho voltou a ser exercido pelo físico-mor e cirurgião-mor.

Os físicos eram formados pelas universidades europeias e eram considerados os médicos principais. O físico-mor, designado pelo Rei, tinha amplas atribuições como farmacêutico regulando o acesso à profissão farmacêutica e a inspeção às boticas, concedendo licença para a instalação dos boticários e fabricação de medicamentos. Além disso, regulava as profissões da área de saúde em Portugal e no Brasil, no período compreendido desde a época da Colônia até 1828, quando o imperador D. Pedro I extinguiu o cargo.

Com o aumento efetivo da colonização, físicos, barbeiros sangradores, cirurgiões e boticários incorporaram as práticas indígenas: cajá para febre; o suco do caju para os males do estômago e as febres; o óleo de copaíba como purgante; a parreira-brava e o malvisco tinham eficientes efeitos antipeçonhentos; as folhas de camará eram aplicadas nos casos de corrimentos e diarreias; e a erva-santa ou tabaco servia para doentes de cabeça, estômago e asmáticos. Gradativamente estes medicamentos foram sendo incorporados às boticas.

Os boticários e barbeiros tinham um papel importante nas práticas médicas. Os primeiros eram responsáveis pela manipulação dos medicamentos prescritos pelos médicos, porém eles mesmos tomavam a iniciativa de prescrevê-los. Parece que isso não mudou muito nos dias de hoje, pois é comum o farmacêutico ou o balconista das drogarias fazerem indicações de medicamentos. Esta prática originou-se da falta crônica de médicos e, mais adiante, dos preços inacessíveis destes profissionais para a maioria da população, principalmente no interior.

A manipulação de medicamentos obedecia ao que era determinado nas coleções manuscritas de receitas e os principais boticários utizavam obras como *Colóquios dos Simples* (1563), de Garcia de Orta, e *Polianteia Medicinal* (1695), de João Curvo. A primeira farmacopeia oficial foi a *Farmacopeia Geral para o Reino e Domínios de Portugal* (1794), da autoria de Francisco Tavares, médico da Rainha e nomeado físico-mor cinco anos depois. Esta obra vigorou no Brasil até depois da Independência.

Os barbeiros, os mais humildes dos profissionais das práticas médicas, eram aqueles que quando demonstravam habilidade em cortar o cabelo e barbear podiam também aprender a fazer pequenas cirurgias, recebendo o título de cirurgião-barbeiro. Era um título importante, mas atribuído apenas às pessoas que sabiam ler e escrever e as suas atividades eram baseadas em alguns conhecimentos médicos que se restringiam ao tratamento de fraturas e luxações, a cura de feridas, a aplicação de ventosas, injeção e sanguessugas,[38] abrir abscessos, extrair dentes e, também, para justificar o título, cortar cabelo e fazer a barba. Este profissional, pela legislação vigente, além da cirurgia, para a qual estava habilitado, podia exercer a Medicina onde não havia físicos.[39] Eram os mais solicitados pela clientela e muitos deles não possuíam a habilitação oficial e, muitas vezes, eram multados e presos.

---

[38] As sanguessugas pertencem à família das minhocas (anelídeos). Quando está faminta é aplicada no doente. Quando está saciado de sangue, o animal aumenta de quatro a cinco vezes o seu volume. Foi muito utilizada, com sucesso, para problemas do sistema venoso, onde existe excesso de sangue, congestão no tecido e para a rápida melhora de um hematoma.

[39] Os físicos, ou médicos, também chamados licenciados, que vieram para o Brasil, possuíam diplomas ou licença e eram formados em Coimbra ou Salamanca.

Introdução

Quanto ao instrumental utilizado por estes profissionais, Santos Filho[40] cita:

> *O instrumental incluía navalhas, pentes, tesouras, sabão, pedra de amolar, ventosas, bacia de cobre destinada a receber o sangue que escorria na sangria, escalpelos, boticões para arrancar dentes, escarificadores e sanguessugas. Os fregueses destituídos de recursos econômicos, como os negros, foram muitas vezes atendidos em plena rua.[41]*

O autor diz ainda que no período colonial a Odontologia ficou a cargo dos cirurgiões e barbeiros e restringia-se ao tratamento das cáries com remédios, geralmente inócuos, ao curativo de fístulas dentárias, e à extração de dentes – isto apenas para pessoas abastadas. José Joaquim da Silva Xavier, o Tiradentes, era um leigo perito no ofício, além de ter a fama de curador eficiente.

Os cirurgiões eram profissionais que aprendiam seu ofício na prática, sendo orientados por um cirurgião já habilitado. Podiam exercer apenas a cirurgia, direito que obtinham após serem examinados por uma banca oficial de autoridades sanitárias que lhes conferia a *Carta de Examinação*.

> *Os candidatos eram admitidos nessa prova se comprovassem um mínimo de quatro anos de prática numa farmácia ou hospital. Ou seja, primeiro se praticava a Medicina e depois se obtinha a autorização para exercê-la.[42]*

---

40 *Pequena História da Medicina Brasileira.*

41 Vide imagem da capa.

42 *1808.* Laurentino Gomes.

No século XVIII começaram a chegar ao Brasil alguns cirurgiões licenciados formados nas escolas europeias. Na falta de profissionais para clinicar, alguns cirurgiões passaram a exercer a função, porém cometiam muitos deslizes colocando em risco a saúde dos pacientes. Conforme Ribeiro:[43]

> *Sem a formação teórica dos médicos que clinicavam, os cirurgiões eram vistos como trabalhadores manuais ou "mecânicos", no jargão da época. Aprendiam na prática do dia a dia a fazer sangrias, curas de ferimentos, extrações de balas e aplicações de ventosas e sanguessugas. Não por acaso, tinham um status inferior ao dos médicos.*

Para contornar parcialmente a falta de médicos, houve a ideia de disseminar conhecimentos básicos de saúde entre a população, por meio de livros que apresentavam uma linguagem acessível.

Em Minas Gerais foram escritos os quatro primeiros livros deste gênero: o primeiro foi o *Erário Mineral*,[44] de autoria de Luis Gomes Ferreyra, professor[45] de cirurgia, editado pela primeira vez em Lisboa, em 1735. O autor estudou Cirurgia no Hospital Real de Todos os Santos em Lisboa. Aprendeu a arte de Cirurgião-Barbeiro com Francisco Santos, Cirurgião da Enfermaria Real de Dom Pedro. Obteve a Carta de Cirurgião em 1705. Veio para o Brasil onde residiu em Salvador de 1708 a 1710; em seguida foi para a região de Minas Gerais, atraído pelas descobertas auríferas, até 1711, quando se integrou, como cirurgião, ao exército recrutado para a expulsão da esquadra francesa que invadira a cidade do Rio de Janeiro.

O *Erário Mineral* foi o primeiro tratado de medicina brasileira escrito em português. A obra contém a vivência de práticas

---

43 *Médico sem diploma.*
44 Relativo a Minas Gerais.
45 Professor no sentido de professar e não de mestre.

Introdução

médicas do autor na capitania de Minas Gerais, em que descreve as principais enfermidades e as formas de cura que experimentou. Ferreyra dizia: *nestas Minas aonde não chegam médicos nem ainda cirurgiões que professem a cirurgia, por cuja causa padecem os povos grandes necessidades.* Descreve a utilização dos remédios utilizados nas curas, inclusive alguns usados pelos indígenas e incorporados pelos paulistas à medicina colonial.

Figura 7: **Frontispício do livro *Erário Mineral*.**

O livro é dividido em 12 tratados:

I. Da cura das pontadas pleuríticas e suas observações;
II. Das obstruções;
III. Da miscelânea de vários remédios, assim experimentados e inventados pelo autor, como escolhidos de vários para diversas enfermidades;
IV. Das deslocações, fraturas e suas observações;
V. Da rara virtude do óleo de ouro, das muitas enfermidades para que serve e observações de curas excelentíssimas que com ele se têm feito;
VI. Dos segredos ou remédios particulares que o autor faz manifestos para utilidade de bem comum;
VII. Dos formigueiros e outras doenças comuns nestas Minas;
VIII. Da enfermidade a que chamam corrupção-do-bicho, suas causas, seus sinais, seus prognósticos, sua cura e suas observações;
IX. Dos resfriamentos;
X. Dos danos que faz o leite, melado, aguardente de cana e advertência para conservação da saúde;
XI. Dos venenos e mordeduras venenosas;
XII. Do escorbuto ou mal de luanda.

Uma parte substancial da obra é formada pelas informações minuciosas sobre as duras condições de vida e de trabalho dos escravos, o que propiciava a propagação das enfermidades. Escreveu sobre as especificidades do clima, dos moradores, das doenças e dos tratamentos ministrados, aos quais incorporou algumas ervas locais. Ferreyra foi bastante influenciado pela literatura de João Curvo Semedo, médico da Família Real Portuguesa e importante divulgador da flora americana como panaceia médica. Furtado[46] aponta que:

---

46 *Barbeiros, cirurgiões e médicos na Minas colonial.*

> *Seus livros tiveram grande repercussão no mundo luso-brasileiro do século XVIII, constituindo-se em manuais populares de medicina, propiciando ainda ampla circulação das informações sobre as ervas brasileiras na matéria médica em Portugal e sua incorporação à literatura erudita. Em 1695, Curvo Semedo publicou a Polianteia Medicinal, seguida da Atalaia da vida contra as hostilidades da morte, de 1720, e do Memorial de vários símplices.*

A *Polianteia Medicinal* foi uma importante obra médica que teve diversas edições e deu projeção a João Curvo Semedo no mundo científico da época.

O cirurgião João Cardoso de Miranda é considerado o autor da primeira publicação sobre as virtudes terapêuticas das águas de Lagoa Santa. Escreveu duas obras: *Relação Cirúrgica e Médica*, 1741, em que relata um novo método para curar a infecção escorbútica, e *Prodigiosa Lagoa descoberta nas congonhas das minas do Sabará, que tem curado a várias pessoas dos achaques, que nesta relação se expõem*, 1749.

Conforme Furtado[47]:

> *João Cardoso de Miranda foi o descobridor de um primeiro medicamento para o tratamento do escorbuto. A receita de Miranda era composta de um chá de ervas frescas, acompanhado de uma dieta reforçada de alimentos também sempre frescos, como carne de galinha, alface, chicória, almeirão e beldroegas. Dessa forma, sem saber ao certo, fornecia aos doentes debilitados fisicamente a vitamina C, cuja ausência era a verdadeira causa do mal.*

---

47 *Idem.*

José Antônio Mendes teve sua formação prática em Lisboa no Hospital Real de Todos os Santos, onde obteve a Carta de Cirurgia no ano de 1739. Em 1771 publicou o manual de medicina popular intitulado *Governo de mineiros mui necessário para os que vivem distantes de professores seis, oito, dez, e mais léguas, padecendo por esta causa os seus domésticos e escravos queixas, que pela dilação dos remédios se fazem incuráveis, e a mais das vezes mortais.*[48]

Ribeiro[49] comenta que:

> *José Antônio Mendes foi um desses profissionais cujo raio de ação foi muito mais amplo do que teoricamente cabia a um cirurgião. Natural de São Vicente do Chão, Arcebispado de Braga, mudou-se para América atuando durante trinta e cinco anos entre as capitanias da Bahia e Minas. Não se sabe a data exata da sua chegada nas terras brasílicas, mas é certo que ele fora um dentre as imensas levas de portugueses que vieram nas primeiras décadas do século XVIII atraídos pelas atividades mineratórias. A fama da obtenção de riqueza fácil, bem como a falta de médicos e cirurgiões em toda a América portuguesa e enfaticamente na região das Minas, devido às altas concentrações populacionais, acabaram por estimulá-lo a permanecer naquela capitania por mais de trinta anos.*

Furtado[50] aponta que: os quatro livros foram resultado da prática que esses cirurgiões adquiriram realizando diversas curas na área aurífera recém-descoberta no interior do Brasil – as Minas Gerais.

---

48 Governo no sentido de uso e mineiros, os habitantes de Minas Gerais.

49 *Nem nobre, nem mecânico. A trajetória social de um cirurgião na América portuguesa do século XVIII.*

50 *Barbeiros, cirurgiões e médicos na Minas colonial.*

O primeiro texto médico publicado no Brasil foi *Reflexões sobre alguns dos meios propostos por mais conducentes para melhorar o clima da cidade do Rio de Janeiro*,[51] de autoria de Manoel Vieira da Silva, médico formado na *Universidade de Coimbra*, condecorado pelo Príncipe Regente com título de Barão de Alvaiazere. Dom João o incumbiu de pesquisar as causas das enfermidades que assolavam o Rio de Janeiro. O autor faz a seguinte citação:

> *Quem quer que estude medicina deve investigar os seguintes aspectos. Primeiro, o efeito das estações do ano, e as diferenças entre elas. Segundo, os ventos, quentes ou frios, característicos do país ou de um lugar em particular. O efeito da água sobre a saúde não deve ser esquecido. Por último, deve-se considerar o modo de vida das pessoas: são glutões e beberrões, e consequentemente incapazes de suportar a fadiga, ou, apreciando o trabalho e exercício, comem e bebem moderadamente?*

Scliar[52] aponta que:

> *Dentro desse enfoque, Vieira da Silva dá-se conta do risco representado à saúde pelas regiões pantanosas; é um seguidor da antiga teoria do iasma, segundo a qual o ar de regiões insalubres poderia causar doenças, entre elas a malária (a constatação estava certa, mas por motivos equivocados: à época não se conhecia a transmissão da enfermidade por meio do mosquito), e sugere que essas áreas sejam aterradas. Manifesta-se contra o sepultamento em igrejas; sugere o aumento e a melhora do Cemitério da Misericórdia. Propõe tam-*

---

51 Imprensa Régia, Rio de Janeiro, 1808.

52 *A saúde pública no Rio de Dom João.*

bém a construção de um local para quarentena dos escravos (estes habitualmente vistos como portadores de doenças). Denuncia a falta de limpeza de matodouros e açougues, a carência de medicamentos e a venda abusiva desses artigos.

O segundo texto médico publicado no Brasil, em 1820, foi de autoria do pernambucano Domingos Ribeiro dos Guimarães Peixoto, Barão de Igarassú, formado em Cirurgia pela *Escola Médico--Cirúrgica do Rio de Janeiro* e Doutor em Medicina pela *Université Paris* e versava sobre as moléstias cirúrgicas. A obra foi oferecida aos Príncipes Reais: *"Aos Sereníssimos Principes Reaes do Reino Unido de Portugal, e do Brasil e Algarves, os senhores D. Pedro de Alcantara e D. Carolina Jozefa Leopoldina, offerece, em signal de gratidão, amor, respeito e reconhecimento estes prolegomenos, dictados pela obediencia, que servirão às observações que for dando das moléstias cirurgicas do paiz, em cada trimestre etc."* (grafia da época).

Scliar[53] diz que:

> *Guimarães Peixoto acreditava antes em predisposição, constitucional ou herdada, para doenças como a tísica,[54] o raquitismo, a gota. A influência do ambiente reforça a importância da higiene, mais importante que a terapêutica na concepção do autor.*
>
> *Feitas as considerações gerais, o médico analisa o caso particular do Rio de Janeiro, cuja topografia cosnsidera desastrosa: "Huma immensidade prodigiosa de serras empinadas e horrorosas o cercão por todos os lados." Como Vieira da Silva, considera particularmente nocivo o Morro do Castelo, que barra o caminho dos ventos e represa a água da chuva (mais um argu-*

---

53 *A saúde pública no Rio de Dom João.*
54 Tuberculose pulmonar (nota do autor).

mento a favor da destruição do morro, que depois viria a acontecer). Os cursos d'água são poluídos; os prédios, mal construidos, as ruas, estreitas; as "immundícias" estão por toda a parte. Parece que Guimarães Peixoto preparava o terreno para o "bota-abaixo", a reforma urbana que Pereira Passos, com base no que fizera o Barão Haussmann em Paris, levaria a cabo algumas décadas depois.

Os textos de Manoel Vieira da Silva e Domingos Ribeiro dos Guimarães Peixoto foram publicados, na íntegra, no livro *A Saúde Pública no Rio de Dom João*, em 2008, pela Editora SENAC.

A partir do século XVIII, em função do maior desenvolvimento da Colônia e da mineração do ouro, muitas famílias vieram da Metrópole para o Brasil com a esperança de uma vida mais próspera do que aquela que levavam em Portugal. O aumento da população e do poder aquisitivo propiciou o interesse pelas artes, letras e Medicina. Começaram a chegar ao Brasil hábeis médicos portugueses e de outras localidades europeias.

Alguns filhos de famílias abastadas iam para a Europa estudar Medicina e, no seu regresso ao Brasil, iniciavam a sua carreira com muita dedicação. Não bastava, porém, a dedicação dos médicos para que os habitantes da Colônia tivessem boas condições de saúde. O desleixo das autoridades com a saúde da população propiciava uma série de doenças que tirava a vida de muitos brasileiros. Essa era a situação quando aqui chegaram D. João VI e a Família Real com aproximadamente quinze mil pessoas.

A cidade do Rio de Janeiro, que tinha uma população em torno de 60 mil pessoas, sofria com a falta de saneamento. A chegada da Família Real agravou o problema com um número considerável de novos habitantes. A falta de saneamento e os péssimos hábitos de higiene contribuíam para a proliferação de maus odores e doenças de toda sorte. Havia um total descaso das autoridades públicas com o tratamento de esgotos. No verão, a situação tornava-se ainda pior.

Os escravos tinham a desagradável tarefa de levar os dejetos, acondicionados em pequenos tonéis, das residências até as praias e rios. Recebiam então a denominação de *tigres* provavelmente pela cor tigrada com que os dejetos fecais sujavam a sua pele. Outra hipótese é citada por Gomes:[55] *durante o percurso, parte do conteúdo desses tonéis, repleto de amônia e ureia, caía sobre a pele e, com o passar do tempo, deixava listras brancas sobre suas costas negras.*[56] Como havia grande facilidade de recrutar *tigres*, a construção de rede de esgotos foi protelada por muito tempo. Essa atividade persistiu até 1860 na Capital Federal e até 1882 no Recife. A utilização das águas como depósito de resíduos era um hábito que há tempos gerava problemas de saúde pública, mesmo com um número reduzido de habitantes.

> *Quando um "tigre" passava, as pessoas tapavam o nariz com lenços, viravam o rosto, se encolhiam. De longe, os "tigreiros" vinham alertando os moradores com seu bordão "Abra o olho! Abra o olho!" Os passantes se esquivavam, com medo de que um simples esbarrão acarretasse um banho asqueroso. O tratamento dado aos dejetos líquidos gerava frequentes queixas dos moradores, porque outro hábito comum na cidade era o despejo dos penicos cheios do alto dos sobrados, sem perdoar o caminhante que passava distraído pela rua, a qualquer hora do dia ou da noite. Os algozes ficavam à espreita por trás das janelas dos sobrados, esperando algum desafeto passar para "honrá-lo" com excrementos atirados pela janela.*[57]

---

55 *1808.*

56 A ureia presente na urina excretada transforma-se em amônia e gás carbônico. A urina é normalmente estéril quando é expelida e tem apenas um vago odor. O cheiro desagradável de urina deteriorada deve-se à ação de bactérias que provocam a liberação de amônia (nota do autor).

57 *Meio ambiente do século passado.* Disponível em: http://zonaderisco.blogspot.com

Conforme Katinsky,[58] os dejetos eram deixados em grandes barris (tigres) e um escravo, à noite, de preferência, despejava-o no ponto mais próximo do rio, ou eram acumulados em "casinhas", sobre um buraco no terreno dos fundos das casas (fossas negras).

Diariamente os escravos dirigiam-se às fontes e chafarizes, logo ao nascer do sol, em busca de água limpa que era transportada em grandes recipientes apoiados em suas cabeças. As roupas eram, geralmente, lavadas fora das residências, nas fontes ou nas beiras dos rios. O processo de construção de aquedutos era muito lento. O da Carioca, Rio de Janeiro, só foi inaugurado em 1750 e demorou quase 150 anos para ficar pronto.[59] Captava água no Alto de Santa Tereza, chegando ao local hoje conhecido como Arcos da Lapa, onde havia um chafariz em que os escravos recolhiam a água e levavam para a casa de seus senhores.

Figura 8: **Cartão-Postal. Aqueduto da Carioca.**

---

58 *Sistemas Construtivos Coloniais.*

59 Os primeiros estudos para a sua construção são de 1602, por determinação de Martim Correia de Sá, governador da Capitania do Rio de Janeiro.

O ambiente epidemiológico da época, associado à falta de água potável, continuou provocando epidemias e surtos de cólera por muitas décadas (e, infelizmente, também na atualidade). O risco de morte era constante, principalmente no verão. Para tentar escapar do problema, a partir de 1847, a Família Real passava as férias, nos meses de fevereiro e março, no Palácio Imperial de Petrópolis.

As condições da saúde pública brasileira continuavam precárias e muitas doenças de etiologia desconhecida preocupavam a classe médica. Na *Gazeta Medica da Bahia*, edição de 25 de novembro de 1866, encontramos no artigo A constituição médica atual referências a uma "nova doença" que começava a se manifestar na Bahia, o beribéri.[60]

> **Bahia, 24 de novembro 1866.**
> *O estado sanitário da cidade não é bom presentemente. Além das moléstias usuais da estação tem-se manifestado entre nós, de alguns para cá, uma afecção que não é nova, mas que nunca foi tão frequente, nem era dantes considerada como uma individualidade mórbida distinta.*
>
> *Um dos nossos colaboradores enceta hoje o prometido trabalho acerca da moléstia predominante da nossa constituição médica atual, trabalho que, provavelmente, será muito extenso, e que tarde satis-*

---

60 Doença causada pela deficiência de vitamina B1, a tiamina, no organismo, provocando fraqueza muscular e dificuldades respiratórias. Uma de suas causas: o fungo *Penicillium citreonigrum*, que através da liberação da toxina *citreoviridina* inibe sua absorção. Algumas enzimas, presentes em peixes de rio, também podem causar deficiência da vitamina B1. A incidência do beribéri aumentou consideravelmente no século XIX, principalmente no continente asiático quando se começou a produzir o arroz polido. Em 1880 o almirante Takaki, cirurgião da marinha japonesa, provou que a causa do beribéri era alimentar, ao acrescentar à dieta dos marinheiros japoneses peixes, carnes, cevada e vegetais, importantes fontes da vitamina B1, que ainda não era conhecida na época, pois só foi descoberta alguns anos depois. Em 1897 o médico holandês Christiaan Eijkman observou que o pó resultante do polimento do arroz, quando diluído em água e administrado aos portadores de beribéri, curava a doença.

fará a curiosidade dos nossos colegas que ainda não observaram a doença, ao menos pelo que respeita à sua natureza e tratamento.

A afecção que agora prende as atenções da classe médica da Bahia, e mesmo já do público extraprofissional, é, na opinião de alguns práticos, muito análoga às que na ilha de Ceilão,[61] e na Costa de Malabar[62] se conhecem com os nomes populares de beribéri *e* barbiers, *e que foram descritas por Bontius, Lind, Clark, W. Hunter, Rogers, e muitos outros, e também se assemelha à* acrodynia,[63] *observada em Paris nos anos de 1828 e 1829.*

Sem prejuízo do que possam revelar os estudos práticos dos nossos clínicos, e por não deixar por mais tempo na expectativa os nossos colegas que não tem observado a moléstia, podemos antecipar que:

A moléstia não reina exclusivamente nesta capital: há exemplos de casos, e de consultas vindas do recôncavo, e do interior da província.

A sua causa não é conhecida por ora.

Acomete de preferência pessoas adultas, debilitadas por moléstias anteriores, por excessos de qualquer natureza, e, com particularidade, as puérperas.[64]

Distingue-se por estes principais sintomas: fraqueza geral; edema *das extremidades inferiores, estendendo-se gradualmente a todo corpo;* anemia; paralisia e dormência *nas pernas e braços;* dor à pressão sobre os músculos e no andar; ansiedade progressiva da respiração; raras vezes febre.*

---

61 Sri Lanka (nota do autor).

62 Trecho de litoral no sudoeste do subcontinente indiano (nota do autor).

63 Envenenamento por mercúrio (nota do autor).

64 Parturientes (nota do autor).

Os meios de prevenir a doença cremos que estão mais na observância dos preceitos de higiene privada do que nos da higiene pública, pelo menos enquanto não se conhece a verdadeira origem do mal.

Chamamos a atenção de todos os nossos colegas para o estudo desta moléstia singular e pouco conhecida ainda entre nós, e os convidamos, por amor da ciência e da humanidade, a fazer públicos os resultados da sua experiência e observação, para o que acharão sempre francas as colunas da Gazeta Medica.

Faço um parêntese para escrever algumas palavras sobre Vicente Coelho Seabra da Silva Telles (1764-1804), importante filósofo natural brasileiro. Nascido em Congonhas do Campo, Minas Gerais, após terminar os estudos secundários no Brasil foi para Coimbra em 1783 para estudar Medicina. Obteve o grau de Bacharel em Filosofia e Matemática em 1786, curso que correspondia aos primeiros quatro anos da formação médica, cujo grau obteve em 1791. Uma de suas obras mostra a preocupação com um dos problemas da saúde pública em Portugal: *Memória sobre os prejuízos causados pelas sepulturas dos cadáveres nos templos.* Nesta obra, Silva Telles alerta sobre os perigos do sepultamento dos cadáveres nos átrios das igrejas, prática comum na Europa, e também no Brasil, até o século XIX. Na página 22, explica os meios de evitar, ou diminuir, os malefícios das sepulturas fora e dentro do templo: [65]

Pelo que temos visto até agora, se manifesta, que de quatro modos podemos evitar, ou diminuir os maus efeitos dos cadáveres.

---

[65] Alberto Pacheco explica que só se pode falar realmente em cemitérios a partir da Idade Média europeia, quando se enterravam os mortos nas igrejas paroquiais, abadias, mosteiros, conventos, colégios, seminários e hospitais. Foi somente a partir do século XVIII que a palavra começou a ter o sentido atual, quando, por razões higiênicas, os sepultamentos voltaram de novo a ser feitos ao ar livre, em cemitérios campais localizados o mais longe possível das áreas urbanas.

I. Destruindo-os imediatamente depois da morte.

II. Sepultando-os de tal forma, e em tal sítio, que suas emanações pútridas sejam logo acarretadas, e diluídas pelos ventos e águas.

III. Extraindo as terras inficionadas[66] das sepulturas, e substituindo-lhes outras sadias e puras.

IV. Lançando novas sepulturas, ou nas renovadas, substâncias que neutralizem ou destruam a má qualidade das emanações podres.

Reis[67] nos diz que a *Sociedade de Medicina do Rio de Janeiro*, fundada em 1829, dedicou muitas falas em suas reuniões e páginas de seus periódicos à crítica das práticas insalubres de sepultamento, além de outros costumes funerários. Aponta para a preocupação central dos médicos com os sepultamentos no interior das aglomerações urbanas, principalmente nas igrejas. A seguir cita que Manuel Maurício Rebouças defendeu, em 1831, na Faculdade de Medicina da *Université Paris* a tese de doutorado intitulada *Sobre as inumações em geral e seus desastrosos resultados*, que condenava os enterros dentro das cidades, em particular nas igrejas. Diz ainda:

> *Manuel Maurício repetiu fatos e métodos de investigação que lera na literatura médica francesa. O cúmulo da ilustração nas teses higienistas da época era a teoria dos miasmas, segundo qual a decomposição dos cadáveres produziria gases ou eflúvios pestilenciais, que atacavam a saúde dos vivos.*

José Correia Picanço, fundador da *Escola de Cirurgia da Bahia*, publicou uma obra sobre o assunto: *Ensaios sobre os perigos das sepulturas dentro das cidades e nos seus contornos*, Rio de Janeiro, 1812.

---

66 Contaminadas (nota do autor).

67 *O cotidiano da morte no Brasil oitocentista.*

Recentemente, o Decreto n. 30.990, de 30 de outubro de 2009, publicado no Diário Oficial do Distrito Federal, autorizou, em caráter excepcional, o sepultamento nas dependências da Igreja de Nossa Senhora da Medalha Milagrosa de Brasília, de Dom Luis Fernando Castillo Méndez, Patriarca e Bispo Diocesano de Brasília da Igreja Católica Apostólica Brasileira. Pode-se ler no Art. 2º: A Igreja Nossa Senhora da Medalha Milagrosa incumbir-se-á de compatibilizar os requisitos de higiene e segurança sanitária.

Devemos ressaltar que, na época da chegada da Família Real, 1808, pouco se sabia sobre a ação dos microrganismos, que somente passaram a despertar o interesse dos cientistas no final do século XIX. Louis Pasteur e Robert Koch foram os primeiros pesquisadores a descrever o papel das bactérias como vetores de várias doenças.

Pasteur foi responsável por descobertas que possibilitaram o desenvolvimento de soros e vacinas, além da demonstração experimental da teoria dos micróbios causadores de doenças que originou um interessante processo social denominado de "revolução pasteuriana", modificando substancialmente as práticas científicas, os hábitos cotidianos e a Medicina a partir do final do século XIX.

É importante ressalvar que uma forma de vacina já era conhecida desde o final do século XVIII, descoberta pelo médico inglês Edward Jenner que se dedicou ao estudo da varíola, uma doença muitas vezes fatal. Jenner sabia que os sobreviventes não contraíam a doença novamente. Em 1796, observou que as vacas tinham feridas nas tetas iguais às causadas pela varíola no corpo de humanos. Os animais tinham uma forma mais abrandada da doença, a varíola bovina,[68] também conhecida como *bexiga vacum*.

Suas observações mostraram que as mulheres que ordenhavam as vacas, quando expostas ao vírus bovino, tinham uma versão mais branda da doença. Coletou amostras do líquido produzido pelas feridas da mão de Sarah Nelmes, que estava com varíola bovina, e o aplicou em arranhões que ele provocou no braço de

---

68 *Cowpox* (nota do autor).

um garoto de oito anos, James Phipps, que apenas apresentou um estado febril e pequenas lesões, recuperando-se de pronto.

Após seis semanas inoculou a linfa de um doente grave de varíola no menino e ele não apresentou nenhum sintoma da doença, mostrando-se imune. Estava descoberta assim a eficácia da imunização e o processo ficou conhecido como imunização *braço a braço*. A família do garoto foi recompensada com a doação de uma casa. No primeiro ano do século XIX, o médico suíço Dr. Odier (1748-1817) propôs o termo *vacina* em substituição ao termo *cowpox*.

Devemos também registrar que antes disso, em 1774, uma epidemia de varíola eclodiu em Yetminster, na Inglaterra. Benjamim Jesty (1736-1816), agricultor inglês, fez um experimento para tentar aumentar a imunidade à doença de sua família. Instalou-se em uma fazenda, nos arredores de Chetnole, onde algumas pessoas apresentavam sintomas da varíola. De uma forma não muito científica infectou, utilizando uma agulha de cerzir, sua esposa e seus dois filhos mais velhos, transferindo secreções pustulares de vaca em seus braços. Os meninos apresentaram reações locais e se recuperaram rapidamente. O braço da esposa ficou muito inflamado e por algum tempo causou preocupação, mas também se recuperou.

O experimento de Jesty causou a hostilidade de seus vizinhos, sendo considerado desumano, porém, a eficácia do tratamento foi demonstrada diversas vezes nos anos seguintes quando sua esposa e seus filhos, expostos à varíola, não contraíram a doença.

Em 1805, por iniciativa de George Pearson, fundador do *Original Vacina Pock Institute* e à convite dessa instituição, Jesty comprovou perante 12 oficiais médicos da instituição os resultados de seu experimento. Seu filho mais velho, então com 28 anos, viajou para Londres e concordou em ser inoculado com varíola novamente para provar que era imune. Após esses fatos Jesty foi agraciado com um depoimento de congratulações e um conjunto de lancetas de ouro. A prova verbal de seu exame foi publicado no *Edinburgh Medical and Surgical Journal.*

Conforme Nava[69], é uma controvérsia improdutiva quando se discute a quem pertence a prioridade da vacina, se ao fazendeiro Benjamim Jesty ou ao médico Edward Jenner. Diz ainda que antes deviam procurar o mecanismo por que o engenho humano – observando, reunindo e comparando – chegou à conclusão do papel preventivo da linfa e ver nos caminhos que a descoberta de Jesty ou de Jenner abriram no terreno da investigação científica.

As péssimas condições sanitárias da população do Rio de Janeiro, com a consequente proliferação de doenças, mostrou a necessidade de construir uma rede de esgotos. Por meio da Lei n. 719 de 28 de setembro de1853, o Imperador D. Pedro II foi autorizado a contratar o serviço de esgotamento sanitário doméstico e águas pluviais. Havia também a preocupação com o abastecimento doméstico de água.

> *No ano de 1876, o Governo Imperial, com o engenheiro Antonio Gabrielli iniciou a construção da rede de abastecimento de água em domicílio e, assim, foi possível a "abolição do antigo barril carregado à cabeça e das incômodas e imundas bicas das esquinas". Já se cogitava a medição da água fornecida.[70]*

No último quartel do século XIX, em decorrência dos estudos feitos na área da saúde sobre as relações entre os microrganismos presentes na água potável, hábitos higiênicos, serviços de tratamento de esgotos e a proliferação de doenças, alguns médicos e engenheiros brasileiros iniciaram algumas ações no sentido de fornecer melhores condições de vida à população. Só então as redes de esgoto começaram a ser construídas.

---

69 *Capítulos da História da Medicina no Brasil.*

70 No Brasil, a história do abastecimento começa no Rio de Janeiro. Disponível em: http://www.cedae.com.br.

D. Pedro II mantinha estreitas relações com Pasteur e teve o seu primeiro contato com o cientista em uma das sessões da *Académie des Sciences*, na França. Em 1873 visitou-o em seu laboratório e expôs-lhe o problema do surto de febre amarela em algumas cidades brasileiras. A troca de correspondências entre eles tornou-se rotineira e Pasteur colaborou para o desenvolvimento da ciência brasileira enviando vários trabalhos de pesquisa dos seus laboratórios e recebendo dez médicos brasileiros para participarem de cursos no Instituto Pasteur em Paris.

Iniciou-se assim, efetivamente, a fase científica da medicina brasileira. Em 1892, o Governo do Estado de São Paulo criou o Serviço Sanitário responsável pela instalação do Instituto Vacinogênico (1892), do Instituto Bacteriológico (1893) – onde começou a pesquisa microbiológica no Brasil – e do Instituto Butantan (1899). Este Instituto e o Instituto Soroterápico Federal em Manguinhos, no Rio de Janeiro, foram criados com a finalidade de produzir soros e vacinas para combater a peste bubônica, cuja primeira manifestação foi em 1899. Anteriormente, em 1888, foi criado o Instituto Pasteur, no Rio de Janeiro, com o intuito de produzir uma vacina para o combate da hidrofobia. O Instituto Pasteur de São Paulo foi criado em 1903 como instituição de caráter privado, com objetivos científicos e humanitários, seguindo padrões de instituições congêneres existentes no exterior.[71]

Alguns médicos sanitaristas e suas equipes obtiveram destaque no controle de epidemias no Brasil. Em 1893, Adolpho Lutz passou a dirigir o Instituto Bacteriológico, iniciando em São Paulo a pesquisa médica. Juntamente com Vital Brasil trabalhou no controle da manifestação de peste bubônica em Santos. O surto de

---

71 Seu primeiro Diretor-presidente foi Ignácio Wallace da Gama Cochrane, mas foi o segundo, Antonio Carini, quem deu impulso às pesquisas tanto no campo da bacteriologia, como da patologia animal que projetou e consolidou o *Instituto* e trouxe recursos externos, provenientes de comerciantes e industriais da época. A própria sede, onde funciona o *Instituto* até os dias de hoje, foi doada por estes beneméritos. Disponível em: http://www.pasteur.saude.sp.gov.br.

febre amarela na região de Campinas foi combatido pelo diretor do Serviço Sanitário, Emilio Ribas. O médico e sanitarista Oswaldo Cruz, de Manguinhos, foi convocado pelo Governo Federal para combater epidemias que matavam milhares de pessoas na região, como a febre amarela, a varíola e a peste bubônica. Carlos Chagas teve um papel importante na história da investigação médica com a descoberta do parasita e do inseto transmissor da enfermidade que ficou conhecida como *Doença de Chagas*. Vejamos então um pouco da história destes importantes institutos e da tarefa destes trabalhadores incansáveis pela saúde do povo brasileiro.

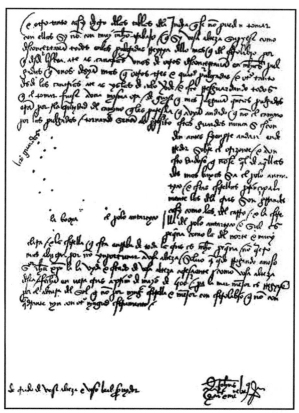

Figura 9: **Fac-símile da última folha da carta de Mestre João Faras a El-Rei.**
O original está arquivado na Torre do Tombo, Portugal.

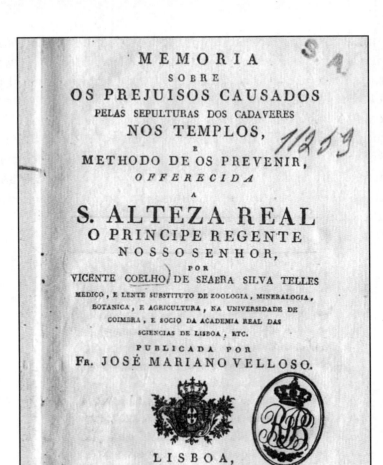

Figura 10: **Capa da obra *Memória sobre os prejuízos causados pelas sepulturas dos cadáveres nos templos*.**
Fonte: <http://purl.pt>.

Figura 11: ***Botica – Boutique D'Apothicaire***. **Pintura de Jean Baptiste Debret.**
Fonte: *Viagem Pitoresca e Histórica ao Brasil.*

Figura 12: ***O cirurgião-barbeiro***. **Isaac Koedyck, 1647.**
Fonte: <http://www.wikigallery.org>.

Figura 13: **Escravos carregadores de água.** Pintura de Johann Moritz Rugendas.
Fonte: *Viagem Pitoresca através do Brasil.*

Figura 14: **Tigres despejando dejetos.**
Gravura publicada na *A Semana Ilustrada*, Rio de Janeiro, 1861.

ANEXO I

LOUIS PASTEUR

(Lettres à D. Pedro II)

D. PEDRO II À PASTEUR

Rio, le 11 septembre 1880.

Monsieur,

Vous connaissez le Dr Fort, professeur libre et l'École de Paris mieux que moi, mais il m'a demandé une lettre pour vous et je ne vous l'écris qu'en comptant sur la manière dont vous m'avez reçu dans votre cabinet de travail. Le Dr Fort espère retourner à Rio l'année prochaine et il veut étudier la fièvre jaune dans la voie qui vous a conduit à tant de découvertes si utiles à l'humanité.

Je viens de lire encore votre communication du 9 août à l'Académie des Sciences et vous prie de m'entretenir quelquefois de vos recherches sur les infections et la théorie des ferments, si cela vous est agréable. Je n'allègue que mon amour pour la science et les bons rapports que j'ai pu avoir avec vous à Paris.

Le cours de l'anatomie du système nerveux fait par le Dr Fort m'a beaucoup intéressé. Son talent et sa longue pratique font tout comprendre avec la plus grande facilité.

Je vous prie de croire à la sincérité des sentiments de votre bien affectionné

D. PEDRO d'ALCANTARA.

Figura 15: **Carta de D. Pedro II a Pasteur (1880).**

Fonte: *D. Pedro II e os sábios franceses*, de Georges Raeders, 1944.

AS PRIMEIRAS ESCOLAS CIRÚRGICAS BRASILEIRAS

O Príncipe Regente, por Carta Régia de 17 de novembro de 1800, criou uma Cadeira de Cirurgia no Rio de Janeiro, nomeando o cirurgião-mor do Hospital Real de Lisboa, Teodoro Ferreira de Aguiar, para regê-la, profissional que nunca tomou posse, permanecendo em Lisboa.

Antes da chegada de D. João VI e a Família Real à Bahia, em 1808, existiam em alguns locais do Brasil cursos isolados de Medicina, denominados de *Aulas*. Apesar da precariedade, possibilitavam aos alunos formados um diferencial em relação aos charlatões que abundavam por toda parte. O primeiro deles surgiu na Bahia, em 1799, ministrado pelo Cirurgião-Mor José Xavier de Oliveira Dantas, onde eram ensinadas Cirurgia e Anatomia. Apesar da petição à Corte, a prerrogativa de *Aula Régia*[72] foi negada

---

72 As aulas régias eram aulas avulsas sobre humanidades, legalizadas pelo Estado. Foi a primeira forma do sistema de ensino público no Brasil.

pela Metrópole. Havia em Minas Gerais uma famosa dessas *Aulas Régias*, autorizada pela Carta Régia[73] de 17 de junho de 1761, onde o professor José Vieira de Carvalho ensinava Anatomia e Obstetrícia. Cursos similares também existiam nas cidades do Rio de Janeiro, Recife e São Paulo. Salles[74] cita:

> *A experiência mais válida foi a de São Paulo, iniciada em 1803, porque era de cunho oficial, tanto que os exames se faziam em uma sala do Palácio. O Governador Franca e Horta[75] fez a comunicação oficial em 1804, dirigindo-se ao Visconde de Anadia, Ministro de Estado dos Negócios Ultramarinos, relatando tratar-se de uma "Aula de Cirurgia", instituída no Hospital Militar, sendo lente o Físico-Mor Mariano José do Amaral.*

José Corrêa Picanço nasceu na Vila de Goiana, província de Pernambuco, em dia 10 de novembro de 1745, filho do cirurgião--barbeiro Francisco Correia Picanço e de Joana do Rosário das Neves. Após concluir seus estudos primários em Goiana foi, com sua família, para Recife e aprendeu tão bem o ofício do pai que logo se destacou na profissão. Ficou famoso e, em 1766, foi nomeado, pelo Governador da Província de Pernambuco, como Cirurgião do *Corpo Avulso de Ofício de Ordenança de Entradas e Reformados.* Tinha, entretanto, ambições maiores e foi para Coimbra estudar Medicina.

Após concluir o curso, foi para Paris e matriculou-se na *Université Montpellier*, em uma especialização com o anatomista Paul-Dieudonné-Armand Sabatier. Retornou a Portugal e exerceu

---

73 Denominação dada à carta de um rei dirigida a uma determinada autoridade ou autoridades que continha determinações gerais e permanentes.

74 *História da Medicina no Brasil.*

75 António José da Franca e Horta foi um Capitão-General Governador da Capitania de São Paulo, de 10 de dezembro de 1802 a outubro de 1808. A cidade paulista de Franca tem esse nome em homenagem a ele (nota do autor).

o cargo de lente[76] da Faculdade de Medicina da Universidade de Coimbra. Muito admirado pelo Príncipe D. João (futuro D. João VI), no ano de 1807, acompanhou a Corte Portuguesa na fuga para o Rio de Janeiro. Com data de 27 de fevereiro, a bordo, o Regente nomeou Manoel Vieira da Silva para Físico-Mor e José Corrêa Picanço Cirurgião-Mor, ambos do Reino, Estado e Domínios Ultramarinos. Picanço expôs ao Príncipe Regente a necessidade da criação de uma escola de cirurgia. Lobo[77] cita:

> [...] sobre a necessidade, que havia, de uma escola de cirurgia no Hospital Real desta cidade para instrução dos que se destinam ao exercício desta arte, tem cometido ao sobredito cirurgião-mor a escolha dos professores, que não ensinem a cirurgia propriamente dita, mas a anatomia como bem essencial dela, e a arte obstétrica, tão útil como necessária.

O pedido foi recebido com agrado por D. João e uma Carta Régia, expedida pelo Ministro do Reino D. Fernando José de Portugal, ao Capitão-General da Bahia João Saldanha da Gama, autorizou o funcionamento da Escola de Cirurgia da Bahia, cuja sede inicial foi no Real Hospital Militar instalado no prédio do Colégio dos Jesuítas no Terreiro de Jesus. Conforme Salles:

> Do próprio documento oficial consta que "o Príncipe Regente, nosso senhor, anuindo à proposta que lhe fez o Dr. José Corrêa Picanço sobre a necessidade que havia de uma Escola de Cirurgia", mandou fundar a unidade da Bahia, pela Carta Régia de 18 de fevereiro de 1808, com o nome de Colégio Médico-Cirúrgico.[78]

---

76 Guardadas as devidas peculiaridades da época, é equivalente a professor titular.

77 *O ensino da medicina no Rio de Janeiro.*

78 *História da Medicina no Brasil.*

As primeiras escolas cirúrgicas brasileiras

O curso abrangia o ensino de Anatomia, Cirurgia e Obstetrícia. Picanço, então no cargo de primeiro-cirurgião da Casa Real e docente de Anatomia e Cirurgia, autorizado pela Regência, escolheu os primeiros professores. Para a cadeira Cirurgia Especulativa e Prática o cirurgião baiano Manoel José Estrella, formado pelo Colégio de São José de Lisboa, e para Anatomia e Operações Cirúrgicas o cirurgião português José Soares de Castro, formado no mesmo colégio. Ambos já exerciam o cargo de Cirurgião-Mor do Real Hospital Militar da Bahia.

O curso tinha duração de quatro anos, ao fim dos quais os alunos requeriam uma certidão de capacidade para encarregar-se da saúde pública. Com a certificação, passavam por exames e, sendo aprovados, os documentos eram encaminhados a Lisboa para a expedição do diploma que possibilitava:

> [...] sangrar, sarjar[79], aplicar bichas[80] e ventosas, curar feridas, tratar de luxações, fraturas e contusões; era-lhes vedado administrar medicamentos e tratar das moléstias internas a não ser aonde não houvesse médicos; e como tais só eram tidos os diplomados ou licenciados pela Universidade de Coimbra[81].

Em nove de setembro de 1826 foi outorgado o direito de as Escolas expedirem diplomas a seus alunos. Entre 1808 e 1815, o ensino limitava-se a lições teóricas de anatomia humana e, no que se referia à cirurgia, a elementos de fisiologia, patologia e clínica. Ao longo de sua gloriosa história e diversas reformas de ensino a instituição teve várias denominações: Escola de Cirurgia da Bahia (1808); Academia Médico-Cirúrgica da Bahia (1813); Faculdade de

---

79 Fazer incisões (nota do autor).

80 Sanguessugas (nota do autor).

81 Alfredo Nascimento. *O centenário da Academia Nacional de Medicina do Rio de Janeiro, 1829-1929; primórdios e evolução da medicina no Brasil.*

Medicina da Bahia (1832); Faculdade de Medicina e Farmácia da Bahia (1891); Faculdade de Medicina da Bahia (1901); Faculdade de Medicina da Universidade da Bahia (1946); Faculdade de Medicina da Universidade Federal da Bahia (1965), sua denominação atual.

Nesta histórica instituição estudou e lecionou o Dr. Raimundo Nina Rodrigues, grande ícone da história da medicina brasileira. Médico legista, psiquiatra, professor e antropólogo brasileiro, nasceu em Vargem Grande, no Maranhão, em 1862. Vinte anos depois, ingressou na Faculdade de Medicina da Bahia, onde cursou até o terceiro ano. Em 1885, transferiu-se para a Faculdade de Medicina do Rio de Janeiro e concluiu o curso em 1887, defendendo uma tese sobre três casos de paralisia progressiva em uma família.

Em 1888, retornou ao Maranhão e montou seu consultório em São Luís. Uma análise profunda das condições socioeconomicas da região levou-o a concluir que os problemas de saúde da população carente eram causados pela alimentação deficiente. Por causa de suas declarações sobre o tema, passou a ser hostilizado pelos médicos locais e decidiu retornar a Salvador, dedicando-se à clínica médica e ao atendimento da comunidade carente, e logo ficou conhecido como o *Doutor dos Pobres*.

Também o Dr. Adolfo Bezerra de Menezes Cavalcanti era conhecido como *Médico dos Pobres*. Formou-se na Faculdade de Medicina do Rio de Janeiro, em 1856, defendendo a tese *Algumas Considerações sobre o Cancro encarado pelo lado do tratamento*. Além de médico foi militar, político, escritor, jornalista e expoente da Doutrina Espírita no Brasil. Considerava a Medicina como verdadeiro sacerdócio e, por isso, dizia: "um médico não tem o direito de terminar uma refeição, nem de escolher hora, nem de perguntar se é longe ou perto, quando um aflito qualquer lhe bate à porta".

No ano de 1889, Nina Rodrigues foi concursado como professor adjunto da Cadeira de Clínica Médica, cujo titular era o conselheiro José Luís de Almeida Couto, transferindo-se, dois anos depois, para a cadeira de Medicina Pública, ocupada pelo Dr. Virgilio Damásio. Como professor na disciplina de Medicina Legal, assumiu a tarefa de pôr em prática as propostas de Damásio que, após visitar diversos países europeus, sugeriu a implantação do ensino prático e a nomeação dos professores de Medicina Legal como peritos da polícia.

> *Suas pesquisas nessa área levaram-no a propor uma reformulação no conceito de responsabilidade penal, sugerindo a reforma dos exames médicos-legais, tendo sido o pioneiro da assistência médico-legal e doentes mentais.*[82]

Mariza Corrêa[83] observa que a trajetória de Nina Rodrigues acompanha o processo de legitimação social e científica da medicina legal, e que teve sequência com os seus seguidores. Deslocou-se dos aspectos fisiológicos do comportamento humano para enfatizar as análises antropométricas, aproximando-se daquilo que é conhecido como dimensão psíquica do comportamento dos seres humanos.

Santos Filho[84] cita que "Oscar Freire (1882-1923), discípulo de Nina Rodrigues, modernizou o ensino prático da medicina legal na Bahia e em São Paulo, onde foi professor de sua especialidade na Faculdade de Medicina".

O Vice-Presidente do Instituto Bahiano de História da Medicina e Ciências Afins, professor Antonio Carlos Nogueira Britto, assim concluiu a conferência que fez no Anfiteatro Alfredo Britto no dia 18 de fevereiro de 2003, por ocasião da comemoração dos 195 anos de Ensino Médico na Bahia:[85]

---

82 Diamantino Fernandes Trindade. Apresentação. In: Nina Rodrigues. *Os Africanos no Brasil*. Madras Editora, 2008.

83 Antropóloga brasileira, professora do Departamento de Antropologia da Universidade Estadual de Campinas.

84 *Pequena História da Medicina Brasileira*.

85 Disponível em: http://www.historiaecultura.pro.br

Atentai, ó vós que estais a pisar este chão.
Este chão é sagrado.
Este chão, este solo, esta terra são ungidos, são con-
sagrados, são abençoados pelos deuses da Medicina.
Este é o chão do Santuário da Medicina primaz do
Brasil.

Os primeiros escritos médicos brasileiros foram de autores estrangeiros. Como vimos anteriormente, as cartas periódicas que os jesuítas enviavam à Europa continham algumas citações médicas. Diversas cartas de José de Anchieta fazem referências a temas médicos. Merece destaque uma de maio de 1560, conhecida como *História Natural de Piratininga*, em que há uma perfeita descrição da terra, costumes, alimentos, doenças e medicamentos. Gradativamente foram aparecendo outros trabalhos escritos.

Em março de 1822, Manuel Rodrigues publicou, em São Luís, a *Folha Medicinal*, que não passava de um veículo de propaganda do proprietário, pouco falando sobre Medicina. Assim, considera-se o primeiro periódico brasileiro sobre Medicina o *Propagador das Ciências Médicas* ou *Anais de Medicina, Cirurgia e Farmácia*, publicado no Rio de Janeiro entre 1827 e 1828, com apenas dois números, e dirigido por José Francisco Xavier Sigaud. O segundo foi o *Semanários de Saúde Pública*, publicado entre 1831 e 1833, pela *Sociedade de Medicina do Rio de Janeiro*, posteriormente transformada em *Academia Imperial de Medicina*. Este periódico deu origem aos *Anais da Academia Nacional de Medicina*, editado até hoje. No século XIX, mais de cinquenta periódicos médicos foram editados.

Em Salvador, em 1886, surgiu a primeira revista médica brasileira, estritamente voltada às publicações científicas: a *Gazeta Medica da Bahia*, que é publicada até hoje. Santos Filho,[86] um dos maiores pesquisadores da História da Medicina no Brasil, consi-

---

86 *História geral da medicina brasileira.*

derou a *Gazeta Medica da Bahia o mais importante jornal médico brasileiro do século XIX*, sendo o órgão divulgador das ideias e trabalhos produzidos por professores da Faculdade de Medicina da Bahia e por médicos de Salvador. O primeiro número trazia os trabalhos dos tropicalistas de Salvador. Dos fundadores, o Dr. Otto Edward Henry Wücherer foi o que mais contribuiu com novos conhecimentos.[87]

Dom João ficou pouco tempo na Bahia e, em oito de março de 1808, desembarcou no Rio de Janeiro. A Carta Régia de cinco de novembro de 1808 criou a Escola Anatômica, Cirúrgica e Médica do Rio de Janeiro, anexa ao Real Hospital Militar e de Ultramar, sediada no Colégio dos Jesuítas do Morro do Castelo.

A Corte procurou fornecer aos estudantes de Medicina um importante dote de conhecimentos teóricos para um exercício mais dinâmico e disciplinar as práticas médicas. Obras médicas, utilizadas em cursos da Europa na época, foram trazidos para o Brasil, mostrando uma intenção de articular a teoria e as aplicações práticas.

Santos Filho[88] considera a nomeação do cirurgião da Armada, Joaquim da Rocha Mazarem[89], para a cadeira de *Anatomia* do Hospital Real Militar e Ultramar, em dois de abril de 1808, como o marco da criação da *Escola Anatômica, Cirúrgica e Médica do Rio de Janeiro*.

> *Hei por bem nomear, a Joaquim da Rocha Mazarem, lente da nova cadeira de Anatomia, que se vai estabelecer, com declaração que vencerá desde o dia que se arbitrou para os outros lentes que Eu mandar criar no Hospital, aproveitando a presente estação, principiando*

---

87 Vide o capítulo *As primeiras pesquisas médicas brasileiras.*

88 *História geral da medicina brasileira.*

89 Natural da Villa e Praça de Chaves, em Portugal, onde nasceu em 12 de dezembro de 1775, acompanhou a Família Real Portuguesa para o Brasil na qualidade de cirurgião da embarcação *Príncipe Real*. Faleceu em 21 de abril de 1849.

logo a sua de Anatomia. A D. Rodrigo de Souza Couti-
nho, do Meu Conselho de Estado, Ministro e Secretario
d'Estado dos Negócios Estrangeiros e da Guerra, o tenha
entendido assim e faça executar.

Palácio do Rio de Janeiro, em 2 de abril de 1808.

O currículo dessa escola era mais amplo do que a congênere da Bahia e inicialmente compreendia somente os conhecimentos de Cirurgia e de Anatomia, sendo ampliada com as disciplinas *Anatomia e Fisiologia*, ministrada por Joaquim José Marques; *Terapêutica Cirúrgica e Particular*, a cargo de José Lemos de Magalhães; *Medicina Operatória* e *Arte Obstétrica*, ministradas por Mazarém; *Medicina, Química* e *Elementos de Matéria Médica* e de *Farmácia*, ministradas por José Maria Bomtempo. Estes professores implantaram o germe da medicina francesa no Brasil, pois tomaram, segundo Nava,[90] "como modelo de suas aulas de Cirurgia e Medicina Interna as doutrinações nosográficas[91] de Richerand[92] e de Pinel, por eles traduzidas e adaptadas para o uso de seus primeiros alunos".

A transformação em Faculdade de Medicina ocorreu por meio da Carta Régia de 3 de outubro de 1832. Entre 1813 e 1836 seus cursos ocorriam no Hospital da Santa Casa da Misericórdia, na praia de Santa Luzia. Necessitando de instalações mais amplas, em 1856 a Faculdade foi transferida para o prédio do Recolhimento das Órfãs, próximo à Santa Casa de Saúde do Rio de Janeiro. Apenas em 12 de outubro de 1918 ganhou sua sede própria no prédio do *campus* da Praia Vermelha, na zona sul da cidade.

A Universidade Federal do Rio de Janeiro (UFRJ) foi criada no dia sete de setembro de 1920, com o nome de *Universidade do Rio de Janeiro*. Reorganizada em 1937, quando passou a se chamar Uni-

---

90 *Capítulos da História da Medicina no Brasil.*

91 Nosografia significa "descrição das doenças" (nota do autor).

92 Principalmente a obra *Tratado de Informação, Feridas e Úlceras.*

versidade do Brasil, tem a atual denominação desde 1965. Em sete de setembro de 1920 a Faculdade de Medicina deixou de ser uma instituição isolada, passando a fazer parte da Universidade do Rio de Janeiro. Seu nome foi novamente mudado, em 1937, para Faculdade Nacional de Medicina. Quando, em 1965, a Universidade do Brasil passou a chamar-se Universidade Federal do Rio de Janeiro, passou a ser somente a Faculdade de Medicina da UFRJ.

As faculdades de Medicina da Bahia e do Rio de Janeiro formaram e lançaram na sociedade brasileira do século XIX os doutores que substituiram os antigos físicos. Muitos deles, com excelentes conhecimentos adquiridos em estágios nos hospitais da Europa, elevaram o conceito da classe médica entre a população. Nas localidades onde residiam e exerciam a sua profissão, eram muito respeitados e muitos chegaram a assumir cargos administrativos e políticos nos municípios e na Corte. Com a necessidade de praticarem várias especialidades, chegaram ao século XX como o tipo representativo do *médico de família*, atendendo em uma mesma família desde o recém-nascido até os mais idosos, tanto no aspecto clínico quanto no cirúrgico e até mesmo realizando partos. Por vezes eram os conselheiros nos problemas domésticos. **Enfim, foram médicos e heróis**.

Uma importante instituição na área da saúde foi criada em 1839: Escola de Farmácia de Ouro Preto. A duração do curso era de dois anos e a parte prática ocorria nas farmácias locais. A conclusão do curso incluía exames sobre a arte farmacêutica, botânica, história natural das drogas e exame prático envolvendo preparações químico-farmacêuticas. Em 1874 ocorreu uma reforma com a ampliação do curso para três anos com o estudo de Química, Física, Mineralogia, matéria médica e farmácia, além da parte experimental de Química e Física. A reforma propiciou a compra de equipamentos para a montagem do gabinete de Física e do laboratório de Química, mas a prática de farmácia ainda era feita nos estabelecimentos particulares por falta de oficina própria, sendo os proprietários remunerados pelo Governo.

Embora tenham sido criados cursos de Farmácia anexos aos cursos de Medicina no Rio de Janeiro e em Salvador, a criação do curso de Farmácia em Ouro Preto em 1839 pela Assembleia Provincial constitui-se em um marco, na medida em que este passa a constituir-se no primeiro curso autônomo desta área no Brasil. Esta iniciativa do Governo Provincial significou esforço para normatizar uma realidade em que predominava amplamente a medicina popular, complementada pela ação de práticos e de alguns poucos profissionais com formação acadêmica. Em 1950 a Escola ficou subordinada diretamente ao Ministério da Educação e Cultura. Em 1969 tornou-se uma das unidades acadêmicas da *Universidade Federal de Ouro Preto*. No final da década de 1940 teve início a interiorização do ensino da Medicina, quando foi fundada a Faculdade de Medicina de Sorocaba da PUC-SP. A fundação ocorreu em 8 de dezembro de 1949. Naquela época existiam 13 escolas de Medicina no Brasil, sendo duas no Estado de São Paulo: Faculdade de Medicina da USP e a Escola Paulista de Medicina, atual Universidade Federal de São Paulo.

Figura 16: **Cartão-Postal. Faculdade de Medicina da Bahia no início do século XX.**
Fonte: <http://pt.wikipedia.org>.

Figura 17: **Dr. José Correia Picanço.**
Fonte: <http://basilio.fundaj.gov.br>.

Figura 18: **Dr. Raimundo Nina Rodrigues.**
Fonte: <http://pt.wikipedia.org>.

Figura 19: **Dr. Adolfo Bezerra de Menezes**
Pintura a óleo pelo artista português Augusto Rodrigues Duarte.
Fonte: <http://pt.wikipedia.org>.

Figura 20: **Painel que retrata a outorga da licença para o funcionamento do que seria a primeira Faculdade de Medicina, em Salvador, Bahia, feita pelo Príncipe Regente D. João. Compõem o Painel, além do Príncipe Regente entregando a carta ao Dr. José Corrêa Picanço, D. Fernando José de Portugal, o Comandante da nau Príncipe Regente, Capitão Manoel da Canto, o Príncipe da Beira (futuro D. Pedro I), Frei Custódio Campos Oliveira e duas damas.**

Óleo sobre tela do artista Arlindo Castellane.
Fonte: Academia Nacional de Medicina.

Observa-se no painel o Príncipe Regente D. João, que, a instâncias do Dr. José Corrêa Picanço, aceitou a sugestão de ser instituído oficialmente o ensino da Medicina, entregando em 18 de fevereiro de 1808 uma carta dirigida ao 6º Conde da Ponte, João Saldanha da Gama Mello e Torres, Governador da capitania da Bahia, com o seguinte teor:

> *Ilmo. e Exmo. Sr. O Príncipe Regente Nosso Senhor, anuindo à proposta que lhe fez o Dr. José Corrêa Picanço, Cirurgião-Mor do Reino e do Conselho, sobre a necessidade que havia de uma escola de Cirurgia no Hospital Real desta Cidade, para instrução dos que se destinam ao exercício desta arte, tem cometido ao sobredito Cirurgião-Mor. A escolha dos professores, que não só ensinem a cirurgia propriamente dita, mas a anatomia como bem essencial dela, e a arte obstetrícia, tão útil como necessária. O que participo a V. Ex. por ordem do mesmo Senhor para que assim o tenha entendido e contribua para tudo o que for promover este importante estabelecimento. Deus Guarde a V. Ex. Ilmo. e Ex. Conde da Ponte.*

> Ass. D. Fernando José de Portugal.

Conta-se história interessante.

Às vésperas da inauguração do primeiro painel, tendo o mesmo sido mostrado ao Eminente Pedro Calmon, ex-Reitor da Universidade do Brasil e membro da Academia Brasileira de Letras, intelectual e historiador de respeito, ficou este surpreso ao lhe ser dito que uma das damas era a Princesa Carlota Joaquina. Imediatamente retificou, argumentando que a Princesa não viera no mesmo barco. O artista corrigiu o erro colocando a referida dama com a cabeça virada para o mar, em ato de descortesia para a cerimônia que acontecia. Não havia outra maneira. Assim ficou.

Figura 21a: **Envelope de Primeiro Dia de Circulação comemorativo dos 200 Anos da Chegada da Família Real ao Brasil.**
Empresa Brasileira de Correios e Telégrafos.

Figura 21b: **Detalhe dos selos comemorativos dos duzentos anos de fundação das Faculdades de Medicina do Rio de Janeiro e da Bahia (2008).**
Empresa Brasileira de Correios e Telégrafos.

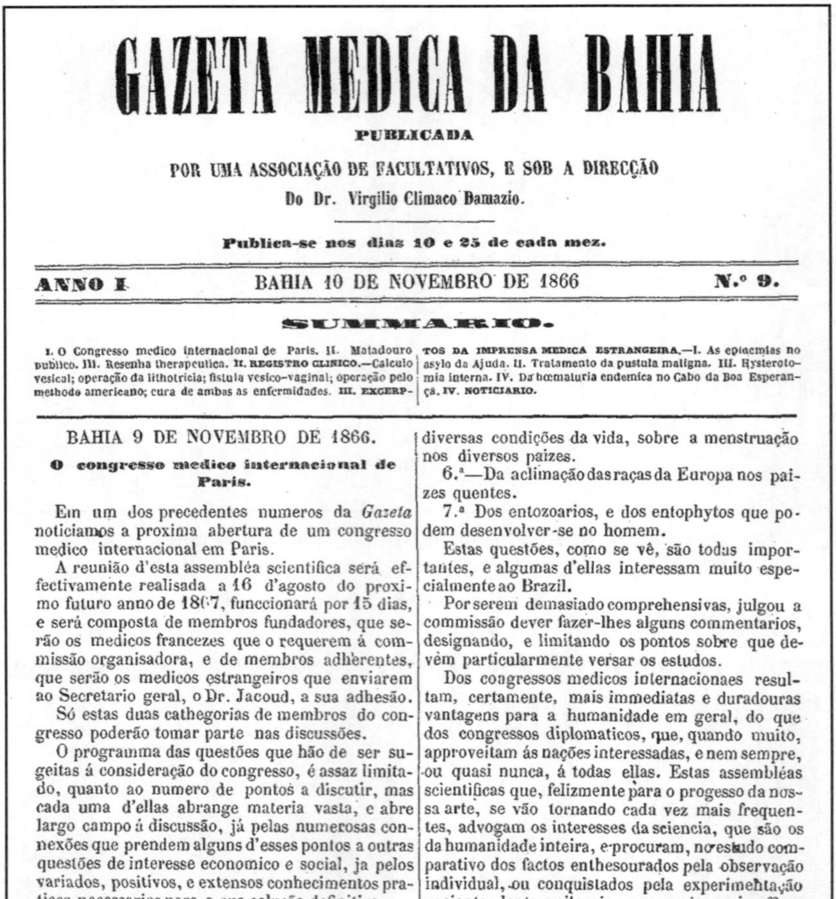

GAZETA MEDICA DA BAHIA

PUBLICADA

POR UMA ASSOCIAÇÃO DE FACULTATIVOS, E SOB A DIRECÇÃO

Do Dr. Virgilio Climaco Damazio.

Publica-se nos dias 10 e 25 de cada mez.

ANNO I	BAHIA 10 DE NOVEMBRO DE 1866	N.º 9

SUMMARIO.

I. O Congresso medico internacional de Paris. II. Matadouro publico. III. Resenha therapeutica. II. REGISTRO CLINICO.—Calculo vesical; operação da lithotricia; fistula vesico-vaginal; operação pelo methodo americano; cura de ambas as enfermidades. III. EXCERP- TOS DA IMPRENSA MEDICA ESTRANGEIRA.—I. As epidemias no asylo da Ajuda. II. Tratamento da pustula maligna. III. Hysteroto- mia interna. IV. Da bematuria endemica no Cabo da Boa Esperan- ça. IV. NOTICIARIO.

BAHIA 9 DE NOVEMBRO DE 1866.

O congresso medico internacional de Paris.

Em um dos precedentes numeros da *Gazeta* noticiamos a proxima abertura de um congresso medico internacional em Paris.

A reunião d'esta assembléa scientifica será ef- fectivamente realisada a 16 d'agosto do proxi- mo futuro anno de 1867, funccionará por 15 dias, e será composta de membros fundadores, que se- rão os medicos francezes que o requerem á com- missão organisadora, e de membros adherentes, que serão os medicos estrangeiros que enviarem ao Secretario geral, o Dr. Jacoud, a sua adhesão.

Só estas duas cathegorias de membros do con- gresso poderão tomar parte nas discussões.

O programma das questões que hão de ser su- geitas á consideração do congresso, é assaz limita- do, quanto ao numero de pontos a discutir, mas cada uma d'ellas abrange materia vasta, e dá um largo campo á discussão, já pelas numerosas con- nexões que prendem alguns d'esses pontos a outras questões de interesse economico e social, ja pelos variados, positivos, e extensos conhecimentos pra- ticos necessarios para a sua solução definitiva.

As questões propostas, em numero de sete, são as seguintes:

1.ª—Anatomia, e physiologia pathologicas do tuberculo.—Da tuberculisação nos diversos pai- zes, e da sua influencia sobre a mortalidade geral.

2.ª—Dos accidentes geraes que occasionam a morte após as operações cirurgicas.

3.ª—É possivel propor aos diversos governos algumas medidas efficazes, para restringir a propa- gação das molestias venereas?

4.ª Da influencia da alimentação usada nos diver- sos paizes sobre a producção de certas molestias.

5.ª—Da influencia dos climas, das raças e das diversas condições da vida, sobre a menstruação nos diversos paizes.

6.ª—Da aclimação das raças da Europa nos pai- zes quentes.

7.ª Dos entozoarios, e dos entophytos que po- dem desenvolver-se no homem.

Estas questões, como se vê, são todas impor- tantes, e algumas d'ellas interessam muito espe- cialmente ao Brazil.

Por serem demasiado comprehensivas, julgou a commissão dever fazer-lhes alguns commentarios, designando, e limitando os pontos sobre que de- vém particularmente versar os estudos.

Dos congressos medicos internacionaes resul- tam, certamente, mais immediatas e duradouras vantagens para a humanidade em geral, do que dos congressos diplomaticos, que, quando muito, aproveitam ás nações interessadas, e nem sempre, ou quasi nunca, á todas ellas. Estas assembléas scientificas que, felizmente para o progesso da nos- sa arte, se vão tornando cada vez mais frequen- tes, advogam os interesses da sciencia, que são os da humanidade inteira, e procuram, no estudo com- parativo dos factos enthesourados pela observação individual, ou conquistados pela experimentação paciente, lenta e silenciosa, os meios mais effica- zes de melhorar a condição physica e moral do homem, e da sociedade.

Os beneficios que a ophtalmología, a hygiene publica, e outros ramos da sciencia medica teem colhido dos congressos internacionaes, são co- nhecidos de todos; fôra ocioso mencional-os.

A ausencia constante da profissão medica bra- zileira n'estas assembleas, á que são convidadas as notabilidades medicas de todas as nações civili- sadas, é, de certo, pouco airosa para ella, e para o paiz, onde ha duas faculdades de medicina, e al- gumas associações que contam no seu gremio os mais eminentes membros da nossa profissão.

Figura 22: **Primeira página da *Gazeta Medica da Bahia*, número 9, de 10 de novembro de 1866.**

Fonte: *Gazeta Medica da Bahia*. Tomo I. Julho de 1866 – Junho de 1867. Eduardo Cerqueira Falcão.

Figura 23: **Bilhete-Postal. Faculdade de Medicina do Rio de Janeiro, Praia Vermelha, 1918 – Prédio demolido em 1976.**

Fonte: O Rio de Ontem no Cartão-Postal 1900-1930. Paulo Berger.

A Academia Nacional de Medicina

Desde o século XVII já existiam Sociedades Médicas na Europa. Salles[93] diz que:

> *Em decorrência do desenvolvimento do espírito científico e de pesquisas, revelou-se chocante o contraste entre o ensino propiciado pelas universidades e o que já se fazia fora delas. O ensino universitário ainda se mantinha preso aos padrões medievais, quando a Anatomia de Vesalius, a Fisiologia de Harvey e o microscópio abriam novos caminhos ao conhecimento do organismo humano. Abalados por este contraste, os médicos tiveram como recurso a organização de associações próprias, onde o aprendizado era feito sem formalismos, mas de maneira eficiente.*

---

93 *História da Medicina no Brasil.*

As primeiras associações científicas brasileiras, como a *Academia Científica do Rio de Janeiro*, fundada em 1771 sob a proteção do Marquês de Lavradio,[94] não eram relacionadas diretamente com a Medicina. Mesmo assim, incluiam médicos que abordavam temas da profissão como José Henriques Ferreira, Francisco Correia Leal, Manuel Dutra Machado, Manuel Moreira de Sousa, Gonçalo José Muzzi, João Gonçalves da Silva, Bernardo da Costa Ramos, Antônio F. Ribeiro, Mauricio da Costa, Antônio Mestre, João Batista Derrigue, Francisco Ferreira de Sousa, Luis Caetano da Silva, Hilário da Cunha Souto Maior, Luis Borges Salgado, Ildefonso José da Costa e outros. Findo o governo do Marques de Lavradio, em 1779, a Academia foi extinta.

Sob a proteção do Vice-Rei D. Luis de Vasconcelos e Sousa, foi fundada, em 1786, a Sociedade Literária. Além do cirurgião Ildefonso José da Costa, outros médicos faziam parte desta instituição como Jacinto José da Silva e Vicente Gomes da Silva. Em 1790 o Vice-Rei deixou o governo e Sociedade paralisou suas atividades. Voltou à ativa em 1794 sob a proteção do Vice-Rei D. José Luis de Castro.

Com o objetivo de promover a interação entre os médicos, foi criada a Academia Nacional de Medicina fundada no dia 30 de junho de 1829, no reinado do Imperador D. Pedro I. Seus fundadores foram o Dr. Joaquim Cândido Soares de Meirelles e o Dr. José Martins da Cruz Jobim. Participaram ainda os franceses José Francisco Xavier Sigaud e João Mauricio Faivre, alem do italiano Luis Vicente De Simoni.

A instituição promovia a publicação de periódicos como o *Propagador de ciências médicas* e seminários sobre saúde pública. Os seus fundadores tinham como objetivos "promover a ilustração, progresso e propagação das ciências médicas, socorrer gratuitamente, com seus conhecimentos, os pobres em suas enfermidades

---

94 Vice-Rei D. Luis de Almeida Portugal.

e beneficiar geralmente a humanidade, favorecendo e zelando a conservação e melhoramento da saúde pública".

A primeira denominação da instituição foi *Sociedade de Medicina do Rio de Janeiro*. A partir de 1835 passou a denominar-se *Academia Imperial de Medicina.* Em 1889 recebeu o nome atual.

A *Sociedade de Medicina do Rio de Janeiro* foi reconhecida oficialmente pelo Decreto Imperial de 15 de janeiro de 1830. A instalação pública ocorreu em 24 de abril de 1830, em um salão do Hospital da Ordem Terceira de São Francisco de Paula na Travessa de São Francisco, e contou com a presença do Imperador.

A partir de maio de 1830, a instituição ficou sediada em um prédio da Irmandade do Rosário, na Rua do Rosário, 204, transferindo-se em 30 de dezembro do mesmo ano para a Casa do Consistório da Igreja do Rosário, onde permaneceu até 1834. Após funcionar em diversos locais, em 1953, teve início a construção da sede própria, na Avenida General Justo, 365, ocorrendo a inauguração em seis de novembro de 1958, local onde permanece até hoje.

Sobre a sua fundação encontramos no *Dicionário Histórico-Biográfico das Ciências da Saúde no Brasil* (1832-1930):

> *A Sociedade de Medicina do Rio de Janeiro foi organizada com o fim de reunir médicos para debater assuntos específicos sobre saúde e doenças humanas, e também para definir o papel desse grupo frente a questões de saúde pública e do exercício da Medicina. O objetivo principal que norteou sua criação, em 30 de junho de 1829, foi o de viabilizar o crescimento das diversas áreas da medicina e ampliar a participação desses profissionais junto ao Governo Imperial em questões referentes a higiene e políticas de saúde pública.*

De início a associação ficou dividida em quatro seções: vacinação, consultas gratuitas, doenças repugnantes e higiene geral da cidade do Rio de Janeiro. Dois dias da semana eram dedicados às consultas gratuitas aos indigentes, sendo doados medicamentos por um farmacêutico, membro honorário da Sociedade.[95]

Desde a fundação das Faculdades Médicas da Bahia e do Rio de Janeiro, havia o desejo de fundação de outras escolas e o acréscimo da Farmácia, até que a Comissão de Saúde Pública da Assembleia Legislativa resolveu oficiar à *Sociedade de Medicina do Rio de Janeiro* (Ofício de oito de outubro de 1830) solicitando sua opinião, e mais, que apresentasse para exame um plano de organização para as escolas médicas imperiais. Com pouco mais de um ano de fundação, a Instituição era convocada. De acordo com Nagamini:[96]

> *Os membros da instituição iniciaram um movimento para uma reforma e sistematização do ensino médico. A formação passaria de cinco para seis anos e seus profissionais deveriam auxiliar na organização de um curso farmacêutico de três anos, além de outros voltados para profissões correlatas, como o ensino de parteiras, com dois anos de duração, e posteriormente o de odontologia, instituído em 1884.*

A história da Academia é parte da evolução da Medicina no Brasil. Conforme podemos ler no site:[97]

> *Seu objetivo mantém-se inalterado: o de contribuir para o estudo, a discussão e o desenvolvimento das práticas da medicina, cirurgia, saúde pública e ciências afins, além de servir como órgão de consulta do Governo brasileiro sobre questões de saúde e de educação médica.*

---

95 DEBRET, Jean Baptiste. *Sociedade de Medicina do Rio de Janeiro.*

96 *Estradas de ferro e medicina alteram qualidade de vida.*

97 http://www.anm.org.br

A associação exerceu um papel relevante na busca do progresso da Medicina, consolidando assim sua imagem perante a sociedade, cumprindo o seu secular programa de estudo e desenvolvimento da Medicina no Brasil. Desde a sua fundação, seus membros se reúnem toda quinta-feira, às 18 horas para discutir assuntos médicos da atualidade, em uma sessão aberta ao público. Dentre outras atividades, a Academia promove congressos nacionais e internacionais, cursos de extensão e atualização, conferências, distribui prêmios acadêmicos e publica o periódico *Annals of The National Academy of Medicine*.

No 9º andar da Academia Nacional de Medicina funciona o Museu Inaldo de Lyra Neves-Manta. Sua fundação data do fim do século XIX, constando da ata da sessão 14 de abril de 1898. Nesta época, era denominado Museu Anátomo-Pathológico e de Curiosidades Médicas. É um dos museus brasileiros dedicados a divulgar a memória da Medicina no Brasil.

Em 24 de fevereiro de 1895 foi fundada a Sociedade de Medicina e Cirurgia de São Paulo. Alguns notáveis da classe médica paulista participaram da primeira reunião, no consultório de Sergio Florentino de Paiva Meira, como Theodoro Reichert, Luiz Pereira Barreto, Ignácio Marcondes de Resende, Pedro de Resende, Amarante Cruz, Cândido Espinheira, Erasmo do Amaral, Luiz de Paula, Marcos de Oliveira Arruda e Evaristo da Veiga. Pereira Barreto[98] foi aclamado presidente. A Sociedade logo criou uma Policlínica, estabelecida na Praça da Sé, que oferecia atendimento médico gratuito. A criação da instituição foi bem aceita pela classe médica paulista, recebendo adesões de profissionais de várias instituições como Arthur Vieira de Mendonça, Vital Brazil, Arnaldo Augusto Vieira de Carvalho, Carlos José de Arruda Botelho, Alfredo Zuquim e o deputado estadual e psiquiatra Francisco Franco da Rocha.

---

98 Médico brasileiro formado pela Faculdade de Medicina da *Université Libre de Bruxelles*, doutor em ciências naturais, Medicina cirúrgica e partos. Cientista, filósofo e biólogo. Pioneiro em estudos do fruto do guaraná. Foi presidente da Assembleia Constituinte de São Paulo e deputado na Assembleia Constituinte Republicana.

Nos primeiros anos da instituição discutiam-se problemas de saúde e de higiene, bem como meios necessários para implantar a Faculdade de Medicina e Cirurgia de São Paulo, o que ocorreu em 1913. Em 1954, sob a presidência de Eurico Branco Ribeiro, a Sociedade de Medicina e Cirurgia de São Paulo, após reforma estatutária, passou a se chamar Academia de Medicina de São Paulo, sua denominação atual.

Figura 24: **Selo em homenagem aos 150 anos da Academia Nacional de Medicina.**
Empresa Brasileira de Correios e Telégrafos, 1979.

As primeiras médicas brasileiras

Ana Paula Pires Trindade[99]
Diamantino Fernandes Trindade

As mulheres, da mesma maneira que os homens, devem ter se interessado pela Medicina desde os primórdios da vida social. Mulheres conhecedoras dos medicamentos e da cura das feridas sempre existiram; no entanto, eram elas ativas apenas em certas ocasiões e no restrito círculo familiar ou pouco além. Durante séculos a mulher lutou, com muita fibra, para alcançar o direito natural de exercer a profissão médica, contra todas as

---

99 Licenciada em Letras: Inglês/Português pela UNIFAI. Pós-graduada em Psicopedagogia pela Universidade São Marcos. Pós-graduanda em Formação de Professores para o Ensino Superior pelo Instituto Federal de Educação, Ciência e Tecnologia de São Paulo. Professora de Língua Portuguesa da Rede Municipal de Ensino da Cidade de São Paulo. Professora de Inglês da Rede Estadual de Educação do Estado de São Paulo. Lecionou Inglês e Italiano na Escola de Idiomas Wizard. Lecionou Inglês nas Escolas Fisk. Foi Coordenadora Pedagógica da Escola de Idiomas Wizard. Autora do livro *Leituras Especiais sobre Ciências e Educação*, Ícone Editora. Autora de artigos sobre Educação. Tradutora de livros e documentos.

hostilidades machistas de sempre. Um édito de 1311 concedia o direito de as mulheres praticarem a cirurgia em Paris. No entanto, havia uma clara distinção entre o cirurgião, considerado de uma categoria inferior, e o médico, que praticava a chamada medicina interna. Não tardou, porém, que esse direito fosse revogado. Em 1322, Jacoba Felicie foi presa e processada pela *Université Paris* acusada de exercer a Medicina, embora fosse registrado que ela conhecia a arte da Cirurgia e da Medicina melhor do que qualquer doutor em Paris.

Existem evidências de que a jovem alemã Dorothea Christiane Erxleben (1715-1762) foi a primeira mulher a receber o grau de doutora em Medicina. Estudou na *Universität Halle-Wittenberg* e foi diplomada em 1754. Em 1812, James Miranda Stuart Berry (1790-1865) conseguiu o grau de doutor em Medicina pela *University of Edinburgh*, na Escócia, ingressando nos serviços médicos da Marinha Britânica, servindo na Índia, na Jamaica, Canadá e em outras colônias britânicas como cirurgião-médico. Somente em 1865, quando faleceu, descobriu-se que era uma mulher.

A pioneira pelo exercício feminino da Medicina foi uma inglesa, emigrada ainda menina com a família para os Estados Unidos. Era ela Elizabeth Blackwell (1821-1910), nascida em Bristol, e tinha firme intenção de tornar-se médica. Aos 20 anos, residindo nos Estados Unidos, ao tentar matricular-se em um curso médico, teve o seu pedido negado por 11 escolas. Pleiteou a sua matrícula no *Geneva Medical College*[100] de New York e, depois de muitas restrições machistas, foi aceita em 1847. Sua irmã Emily foi admitida no *Rusch Medical College* de Chicago. Em 1849 tornou-se a primeira mulher diplomada em Medicina na América. Após a formatura viajou para a Europa para estagiar nos Hospitais de Paris e de Londres e foi mal recebida. Foi-lhe permitido frequentar, em Paris, o *La Maternité Hospital*. Retornou aos Estados Unidos e juntamente com sua irmã Emily e a médica alemã Marie Zakrzewska, fundou

---

[100] Atual *Hobarth and William Smith Colleges*.

o *New York Infirmary for Women and Children*. Este hospital abriu as portas para todas as médicas que desejassem frequentá-lo. Mais tarde, ela ajudou a fundar a *National Health Association*. Foi a primeira mulher admitida no *British Medical Register* e lecionou na primeira faculdade inglesa de Medicina para mulheres, a *London School of Medicine for Women*.

Elizabeth fundou e estimulou a fundação de colégios femininos. Deixou, além de textos científicos e de propaganda social e moral (era uma fervorosa adepta da emancipação da mulher, do abuso da vivissecção,[101] do controle do Estado sobre a prostituição, uma fervorosa afirmadora da educação feminina, sem restrições), escreveu um livro de memórias intitulado *Pionner Work for Women*,[102] que o editor Dent incluiu em sua *Everyman's Library* entre as obras mais importantes da literatura inglesa.

Figura 25: **Dra. Elizabeth Blackwell.**
Fonte: <http://en.wikipedia.org>.

---

101 Intervenção invasiva em um organismo vivo, com motivações científico-pedagógicas.
102 *Trabalho pioneiro para mulheres*.

Como vimos, no século XIX, as estudantes de Medicina eram mal recebidas pelos homens nas universidades americanas e europeias. No final do século XIX, esse pensamento canhestro ainda era comum no Brasil e a própria legislação proibia o acesso das mulheres aos cursos superiores. A carioca Maria Augusta Generoso Estrella, nascida em 10 de abril de 1861, filha de Maria Luiza e Albino Augusto Generoso Estrella, foi a primeira mulher brasileira e sul-americana a se formar em Medicina. Teve educação exemplar no internato do Colégio Brasileiro, dirigido por Madame Gross, onde aprendeu piano, canto, português, francês, inglês e prendas domésticas. Com apenas 12 anos, em 1873, interrompeu o aprendizado e viajou à Europa com o pai, visitando alguns países. De volta a Portugal, desembarcou em Funchal, na Ilha da Madeira e durante seis meses estudou no colégio Villa Real. Retornou ao Brasil e voltou a estudar no Colégio Brasileiro. Sua personalidade marcante é registrada por Silva[103], que cita um fato interessante da viagem de retorno de Funchal para o Rio de Janeiro:

> *Salvou, certa vez por força desta decisão pessoal, passageiros, tripulação e bagagem do vapor inglês* Flamsteed, *em que viajava de Funchal para o Brasil. Foi assim: no terceiro dia de travessia avista-se o couraçado inglês* Blorimphon *que, em pleno oceano pede ao* Flamsteed, *por meio de sinais, os últimos jornais europeus. Entendeu, todavia, o Comandante Brown do* Flamsteed *de dar uma prova de cortesia, abordando o* Blorimphon, *para entregar pessoalmente os*

---

103 *A primeira médica do Brasil*, um dos mais importantes documentos impressos sobre Maria Augusta Generoso Estrella e Rita Lobato Velho Lopes. Nele, Alberto Silva transcreve diversas matérias de jornais do Rio de Janeiro que retratam a brilhante trajetória das duas primeiras doutoras em Medicina do Brasil. Este texto é parte de uma matéria publicada no *Diário Carioca*, de 23 de abril de 1950. O Dr. Alberto Silva, médico e historiador cearense, viajou para o Rio Grande do Sul e, convivendo com Rita Lobato, já octagenária, escreveu este livro com muita paixão e interesse, comprovando que ela foi realmente a primeira médica formada no Brasil.

*jornais pedidos. Custou-lhe caro, porém, semelhante
afoiteza porque o* Flamsteed *se atirou violentamente
contra a proa do* Blorimphon, *destruindo alguns dos
seus camarotes, fazendo grande rombo no próprio
casco. Envergonhado pelo insucesso de sua gentileza
o comandante Brown imprime ao seu navio toda a
força das máquinas, afastando-se, assim, do encoura-
çado inglês. Passageiros e tripulação assistem, agora,
apavorados, ao navio fazer água, enquanto Brown se
recusa obstinadamente a pedir socorro. Confusão!
Nesse momento, daquela gente desorientada, vai ao
Comandante Brown, e, resoluta, suplica-lhe que peça
socorro ao* Blorimphon. *Vencido pelo apelo daquela
menina, Brown manda parar as máquinas, solicita
auxílio ao* Blorimphon *que se aproxima, fazendo-se de
logo o transbordo de todos os passageiros, tripulação
e bagagem. Momentos depois submergia o* Flamsteed.
*A heroína desta tragédia, Maria Augusta, menina de
12 anos, é saudada por todos a bordo do* Blorimphon,
*comovidos e admirados da sua façanha. Maria Augusta
saltou no Rio de Janeiro debaixo de aclamações populares, recebendo as honras de uma autêntica heroína.
Trajava-se, então, de marinheiro, amostrando no cha-
péu a fita que lhe presenteara o comandante do* Blorimphon *e trazendo ainda consigo, presente da tripulação
do* Blorimphon, *um talim de ouro da espada do mais
jovem oficial de bordo.*

Maria Augusta era leitora assídua dos periódicos brasileiros e
norte-americanos. Chamou-lhe a atenção, em um desses periódicos, um artigo sobre uma jovem que estudava Medicina em Nova
York. Ficou fascinada com a notícia e mostrou-a ao pai, que sabia
da impossibilidade do estudo no Brasil, pois as faculdades não
permitiam o ingresso de mulheres. Mas ela insistiu para que ele

As primeiras médicas brasileiras

fizesse um esforço e ela pudesse formar-se no exterior. Um decreto de três de outubro de 1832 possibilitava esses estudos no exterior. Convenceu o pai, que a apoiou nesse empreendimento.

Em 26 de março de 1875, partiu do porto do Rio de Janeiro, com a Senhora Guimarães, uma amiga da família no navio *South América* para New York, desembarcando em 23 de abril, sendo recebida festivamente pela imprensa norte-americana.[104] Após a legalização dos seus documentos, matriculou-se na *Saint-Louis Academy* de Oswego, Estado de New York, para completar os estudos que a habilitariam para ingressar na Universidade. Em seguida, solicitou transferência para o *New York Medical College and Hospital for Women*.[105] O *Diário Carioca*, de 23 de abril de 1950, relata os problemas encontrados por ela na transferência:

> *Não foi fácil esta transferência da* Saint-Louis Academy *para o* New York Medical College, *onde não era permitida a matrícula a alunos menores de 18 anos. Mas nessa ocasião a jovem destemida encontra recursos para emocionar com seus argumentos a Diretoria do* New York Medical College, *forçando-a assim a matriculá-la. Convocada uma reunião especial da Congregação para o dia 12 de outubro de 1877 a fim de resolver o assunto, já às 7h30 da manhã, perante a Congregação, Maria Augusta, 16 anos mal cumpridos, sobe a tribuna para, ela mesma, defender a sua causa. Admiração! E exclama: cometi, Senhores, o delito de ser honesta declarando a minha idade verdadeira.*

---

104 O jornal *New York Herald*, de 23 de abril de 1875, noticiou com destaque a chegada da jovem brasileira, louvando sua intrépida decisão.

105 O *New York Medical College and Hospital For Women* foi criado por um ato especial, sob a responsabilidade da *State University of New York* em 14 de abril de 1863. A Dra. Clemence S. Lozier foi a pioneira que tornou possível as mulheres estudarem Medicina em New York City. Em 1918, os administradores, de acordo com o presidente do seu Conselho de Administração, fecharam a faculdade e as alunas foram transferidas para a *New York Medical College and Homeopática Fifth Avenue Hospital*.

Perdoem-me por isso. Venho de um país longínquo onde o preconceito me fecha as portas da Academia. Confio que provando conhecimentos suficientes seja admitida neste Colégio como estrangeira, em caráter excepcional. Considerem, ainda, Senhores Professores a projeção que esta deferência terá nas relações dos Estados Unidos com o Brasil. Avaliem o belo exemplo que representará a minha matrícula para o sistema escolar de toda República dos Estados Unidos da América. Ao terminar este discurso Maria Augusta desce da tribuna sob aplausos gerais, inclusive dos próprios professores do New York Medical College. *Momentos depois a Congregação do aludido Colégio decidiu por unanimidade atender à pretensão da jovem brasileira, permitindo a sua inscrição no exame vestibular. Triunfo!*

Os exames foram marcados para 16 de outubro. Respondeu com eloquência às perguntas, e com a inteligência, a perspicácia e o preparo demonstrados nas disciplinas não deixou dúvida aos examinadores. Foi aprovada com distinção e matriculada no dia seguinte.

Sua conquista, inédita para uma brasileira, foi relatada pelos principais periódicos brasileiros. Seu pai era o representante da *Bristol Company* no Brasil. Quando, em 1877, essa empresa faliu, ele não podia mais custear os estudos da filha em Nova York. Albino apelou aos amigos para conseguir a soma necessária para tal fim. Conseguiu uma parte do dinheiro que não era suficiente para a empreitada. Por intermédio do Comendador Augusto César de Oliveira Roxo, o Imperador D. Pedro II ficou sabendo do fato e estipulou, por decreto de janeiro de 1878, uma bolsa de 1.500$000 réis mensais para pagar a faculdade e 300$000 réis anuais para cobrir os gastos das suas despesas gerais.

As primeiras médicas brasileiras

Foi a primeira bolsa de estudos concedida pelo governo a uma mulher. Com a amiga Josefa Agueda Mercedes de Oliveira,[106] criou nos Estados Unidos o jornal A Mulher. Distribuído para as redações dos principais jornais brasileiros, defendia a emancipação da mulher.[107]

Begliomini[108] cita que os últimos meses de estudos, em 1879, foram trágicos para Maria Augusta, que, ao realizar uma necropsia, feriu-se, acidentalmente, com o bisturi. A inflamação instalou-se de imediato e o tratamento foi penoso e demorado. Formou-se em 1881, com a solenidade de formatura realizada no *Hall Association* de New York, e seu diploma foi expedido em 29 de março do mesmo ano, conforme afirmou Ivone Costa, neta de Maria Augusta, em entrevista ao jornal *O Globo*, de abril de 1954. Foi oradora da turma, tendo recebido uma medalha de ouro pelo excelente desempenho durante o curso e pela sua brilhante tese sobre as Moléstias da Pele. Autorizada por D. Pedro II, ficou mais um ano nos Estados Unidos em estágio. Regressou ao Brasil, em outubro de 1882, quando recebeu diversas homenagens e foi recebida em audiência especial, em primeiro de novembro, pelo Imperador que lhe recomendou o atendimento de mulheres.

Conforme determinava a Constituição de 1832, prestou exames na *Faculdade de Medicina do Rio de Janeiro* e o seu diploma foi revalidado, passando a exercer sua profissão durante muito tempo, dedicando-se prioritariamente à saúde de mulheres e crianças, atendendo ao compromisso estabelecido com D. Pedro II. Em 1884 conheceu o farmacêutico alagoano Antonio Costa Moraes, herói de guerra e proprietário da Farmácia Normal, com quem se casou

---

106 Natural de Tejucupapo, distrito do Município de Goiana, Pernambuco. Filha do advogado Romualdo Alves de Oliveira. Recebeu uma bolsa de estudos da Assembleia Legislativa do Estado de Pernambuco para estudar nos Estados Unidos (nota do autor).

107 Janaina Abreu.

108 *Maria Augusta Generoso Estrela.*

e foi mãe de cinco filhos: Samuel, Matilde, Bárbara, Luciano e Antonio. Em uma das salas da farmácia instalou seu consultório, onde também atendia gratuitamente aos mais necessitados.

Maria Augusta dividiu a existência entre os filhos e os pacientes, aos quais se dedicou com desvelo e carinho. Ficou viúva em 1908, o que a obrigou a reduzir o atendimento médico para se dedicar mais aos filhos, porém nunca abandonou completamente os estudos e o contato com clientes e estudiosos.

O seu sucesso e a repercussão da sua trajetória acadêmica foram muito importantes para que, em 19 de abril de 1879, o Império aprovasse a Reforma Leôncio de Magalhães, que abriu as instituições de Ensino Superior às mulheres. A sua perseverança estimulou outras jovens a efetuarem suas matrículas em cursos superiores brasileiros. Faleceu em 18 de abril de 1946.

Figura 26: **Maria Augusta Generoso Estrella em 1879.**
Reprodução de jornal da época.
Fonte: <http://www.faperj.br>.

Quando o acesso das mulheres aos cursos superiores foi viabilizado, em 1879, algumas províncias apresentaram candidatas ao curso de Medicina. Esta profissão, até então exclusiva dos homens, estava agora disponível para as mulheres brasileiras.

Três gaúchas travaram uma interessante disputa cultural: a obtenção do primeiro diploma de Doutora em Medicina em uma escola brasileira. Ermelinda Lopes de Vasconcelos, Antonieta César Dias e Rita Lobato ingressaram, em 1894, na *Faculdade de Medicina do Rio de Janeiro*. Ermelinda formou-se em 26 de dezembro de 1888. Antonieta foi diplomada em dezembro de 1889.

Rita Lobato Velho Lopes nasceu em sete de junho de 1866 na Cidade de São Pedro do Rio Grande – RS, filha de Francisco Lobato e Carolina Lobato. Algumas semanas depois, foi levada para a Estância de Santa Izabel, próxima a Pelotas, onde o pai era comerciante de charque. Seus pais mudaram-se para Pelotas quando Rita tinha nove anos, onde frequentou várias escolas, sempre com grande destaque e sempre respeitada e elogiada por colegas e professores.

A mãe de Rita faleceu em consequência do parto do seu irmão caçula. Prometeu à mãe, em seu leito de morte, que ninguém morreria de parto em suas mãos.

> *A jovem encontrava-se em Porto Alegre, em 3 de junho de 1883, estudando para os exames preparatórios, quando recebeu a notícia da morte da sua mãe que a consternou. Lembrou-se do que ela sempre lhe solicitara:* Minha filha, se fores médica algum dia, pratica sempre a caridade! *Nunca esqueceu o pedido e, anos depois, ao clinicar, atendeu e auxiliou aos necessitados. A perda de Rita Carolina fortaleceu a decisão de ser médica. A família decidiu mudar-se para o Rio de Janeiro. No dia 31 de março de 1884, sem perder tempo, pouco depois da chegada à cidade, Rita inscreveu-se no curso de Medicina.*[109]

---

[109] Yvonne Capuano. *Rita Lobato Velho Lopes*.

Rita tinha receio sobre a recepção dos colegas, pois era recente o convívio com as jovens estudantes, mas se surpreendeu com a amizade recebida. Concluiu o primeiro ano com distinção, obtendo nota plena que significava grau elevado nas disciplinas.

> *Mas, ao término do primeiro do ano, um incidente mudaria os planos. Promulgada a Reforma Felipe Franco de Sá, através do Decreto n. 9.311, em 25 de outubro de 1884, alterando os Estatutos das Faculdades, muitos alunos rebelaram-se.*
>
> *O protesto dos estudantes, que a consideravam rígida, criou problemas com alguns mestres. Entre os alunos encontrava-se Antonio Lobato, um dos irmãos de Rita que estudava na mesma faculdade. Impetuoso, antagonizou-se com os professores. Acreditando que os filhos seriam vítimas de alguma vingança ou represália na Faculdade, pela atitude de Antonio, o pai preferiu, por imprudência, mudar-se com a família.*[110]

Em 14 de maio de 1885, chegaram a Salvador, e no mesmo mês Rita, com a documentação exigida pelos novos estatutos, iniciou o segundo ano médico. Em 18 de maio começou a frequentar o curso, sendo a primeira mulher a estudar na *Faculdade de Medicina da Bahia*. Foi bem acolhida pelos professores e alunos. O Decreto n. 9311 possibilitava aos estudantes a antecipação dos exames, e Rita, ávida em formar-se para poder casar e ser a primeira mulher médica formada no Brasil, estudava intensamente para alcançar seus objetivos. A vida acadêmica era estafante, porém ela queria concluir o curso com brevidade. Entre 1885 e 1887 gozava apenas um descanso de fim de ano. Com sua determinação, realizou em pouco mais de três anos um curso que exige seis. Sempre foi assídua e dificilmente faltava às aulas.

---

[110] *Idem.*

As primeiras médicas brasileiras

Rita logo percebeu que bastava redobrar os esforços para ser a primeira Doutora em Medicina formada no Brasil. Assim, após 48 dias de aulas, requereu exames da maior parte das disciplinas da segunda série médica, sendo aprovada com nota plena. E assim continuou se dedicando de corpo e alma, sem descanso, ao estudo da Medicina. Em oito de agosto de 1887, requereu inscrição na sexta série, fazendo seus últimos exames em 24 de outubro com óbvia aprovação total.

Em 24 de novembro defendeu brilhantemente a tese *Paralelo entre os Métodos Preconizados na Operação Cesariana,* considerada ousada para a época e surpreendeu os professores, recebendo do corpo docente da tradicional faculdade baiana as maiores considerações e sendo aprovada com distinção. Na tese, Rita faz uma comovida dedicatória a sua mãe:

> **À sagrada memória de minha mãe**
> **D. Rita Velho Lopes**
> *Querida mãe, o pesar que me oprime o coração, por não ter-vos a meu lado durante meu tirocínio acadêmico, como também no momento em que vai ser conferido um título científico, não posso exprimir, não há frases que o signifiquem! Aceitai, pois estas singelas saudades, que, nascidas do coração e orvalhadas por minhas lágrimas, deposito em vosso túmulo, como intérpretes de meus sentimentos. E lá da Eternidade abençoe-me, para que eu possa sempre honrar o nome que trago.*

A formatura ocorreu em 10 de dezembro de 1887 no Salão Nobre da Faculdade. Em 20 de dezembro do mesmo ano, Rita deixou Salvador e foi para Rio Pardo, Rio Grande do Sul. Durante um ano e meio atendeu em Porto Alegre a muitos chamados e realizou dezenas de partos. Casou-se em 18 de julho de 1889 na Estância Santa Vitória com Antonio Maria Amaro de Freitas, seu grande amor desde a infância, passando a usar o nome Rita Lobato Freitas. Em 26 de outubro de 1890, nasceu Isis, a filha única do casal. Viajaram para a Europa e na volta adquiriram, em 1891, a Estância de Capivari, onde passaram a residir. Viajou a Buenos Aires em março de 1910 para recreio e estudos. Chegou em abril e, durante cinco meses, visitou alguns hospitais e assistiu a cursos e conferências. No final de setembro retornou ao Rio Grande do Sul e voltou a clinicar atendendo a qualquer hora do dia ou da noite, obedecendo ao pedido da mãe: *Se um dia fores médica, pratica a caridade!*

Em 1925, após 15 anos de atendimento em sua clínica, doou o material cirúrgico que possuía à Santa Casa de Misericórdia de Porto Alegre e encerrou suas atividades. Com o falecimento de seu companheiro, em 20 de setembro de 1926, passou a dedicar-se ao movimento pioneiro das líderes feministas que lutavam pelos direitos políticos da mulher brasileira. Em 1934 filiou-se ao *Partido Libertador* e, em 21 de agosto do mesmo ano, foi eleita a primeira vereadora de Rio Pardo. Em 1937, o golpe do Governo Getúlio Vargas transformou o regime político brasileiro em uma ditadura, interrompendo seu mandato. Mesmo assim continuou ativa na política.

Em seis de janeiro de 1954 faleceu a primeira médica formada no Brasil.

Sodré[111] noz diz que:

> *No terceiro decênio do século XIX o Brasil Império acha-se em meio a um processo de desenvolvimento e transformações políticas, sociais e econômicas. Assim, surgem novos empreendimentos com a criação de empresas, bancos e companhias de mineração e de transportes. Muitos trabalhadores da zona rural migram para as capitais aumentando as epidemias e doenças.*

---

111 *Formação histórica do Brasil.*

Santos[112] aponta que "a situação exige mudanças no ensino de ciências para evitar as grandes epidemias e algumas corporações discutem novas medidas para a melhoria do país". A Carta Régia de três de outubro de 1832 promoveu a Reforma da Educação Superior e deu nova organização às Academias Médico-Cirúrgicas do Rio de Janeiro e da Bahia.

> *Art. 1º. As Academias Medico-Cirúrgicas do Rio de Janeiro e da Bahia serão denominadas Escolas, ou Faculdades de Medicina.*
>
> *Art. 11. As Faculdades concederão os títulos seguintes: 1º. de Doutor em Medicina; 2º. de Farmacêutico; 3º. de Parteira. Da publicação desta Lei em diante não se concederá mais o titulo de Sangrador.*

A Reforma criou também as condições para a obtenção do título de Doutor que até aquela época só era concedido a quem havia estudado fora do país. No Brasil só era possível receber o título de graduado. Santos[113] comenta que:

> *Exige-se do aluno, que aspira ao grau de Doutor em Medicina, que ele se submeta a uma terceira série de exames, ou seja: primeiro os exames preparatórios, depois os exames dos anos letivos e, por último, as Conclusões Magnas e uma* These *em português ou latim, defendida perante uma banca de professores, seguindo as normas da Faculdade e cuja impressão ficaria a cargo do candidato.*

A partir de então, ninguém poderia curar, ser proprietário de botica ou fazer partos sem ter concluído uma das duas facul-

---

112 *A Faculdade de Medicina da Bahia*: percurso e reforma do ensino no século XIX.

113 *Idem.*

dades médicas então existentes no país. Em decorrência da Carta Régia, a *Faculdade de Medicina do Rio de Janeiro* instituiu, em 1833, o *Curso de Parteiras*. Marie Josephine Mathilde Durocher (Paris, 06/01/1808 – Rio de Janeiro, 25/12/1893), mais conhecida como Madame Durocher, foi a primeira e única matriculada, formando-se em 1834.

No final desse ano passou a anunciar os seus serviços nos jornais do Rio de Janeiro. Após a formatura, adotou um visual masculino, vestindo-se com saia longa, gravata borboleta, casaca e cartola. Dizia que utilizava estas vestimentas porque exercia uma profissão masculina. Mott[114] explica que:

> A trajetória de Madame Durocher evidencia que, pela instrução e pelo acesso ao espaço público, a francesa esteve bem à frente de seu tempo, seguindo um caminho que só mais tarde seria compartilhado por outras mulheres. Por mais paradoxal que possa parecer, sua trajetória também é prenúncio de fim de uma época em que ainda havia reconhecimento profissional das parteiras.

Madame Durocher, com competência, construiu uma grande reputação na cidade e, em 60 anos de atividade profissional acompanhou cerca de 5.000 parturientes. Foi a parteira que teve maior reconhecimento e prestígio no século XIX. Em 1866 foi nomeada parteira da Casa Imperial e atendeu a Imperatriz Teresa Cristina, quando deu à luz a Princesa Leopoldina. Atendia, indistintamente, famílias ricas e pobres, e também as escravas.

Além de partos, fazia também atendimento clínico na área de Ginecologia. Embora a prática ginecológica fosse da alçada dos portadores de diploma de Medicina, ela justificava os seus atendimentos explicando que muitas mulheres não gostavam de

---

114 *Madame Durocher. Uma parteira diplomada.*

As primeiras médicas brasileiras

serem examinadas por homens. Tratava também de doenças dos recém-nascidos e fazia perícias médico-legais nos casos de atentado violento ao pudor e estupro.

Foi a primeira mulher a ser admitida, em 1871, como membro titular da *Academia Imperial de Medicina*, onde apresentou diversas observações sobre a sua prática, sugestões sobre políticas públicas de saúde, pareceres sobre a utilização de medicamentos, participou de comissões e publicou vários textos no periódico da instituição. Uma dessas publicações foi o artigo Considerações sobre a clínica obstétrica, considerado o mais importante estudo sobre a prática obstétrica no Brasil no século XIX.

Quando ela faleceu era cada vez maior o número de médicos que se dedicavam à Obstetrícia e, gradativamente o trabalho das parteiras foi rareando.

Figura 27: **Rita Lobato**.
Fonte: <http://www.muhm.org.br>.

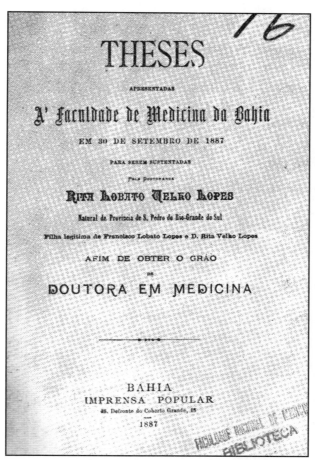

Figura 28: **Capa da Tese de Rita Lobato.**
Fonte: A primeira médica do Brasil. Alberto Silva, 1954.

O início da pesquisa médica no Brasil

Em todos os países a evolução natural da Medicina seguiu as seguintes etapas:

1. Conceitos místicos e sobrenaturais;
2. Observação e interpretação;
3. Experimentação e pesquisa.

No Brasil, a terceira etapa começou por volta de 1850, quando se iniciaram as primeiras atividades de pesquisa científica médica, com a denominada Escola Tropicalista Baiana que trazia novas ideias e concepções de ensino e pesquisa para as ciências médicas. Faziam parte deste grupo alguns médicos que tiveram destaque no cenário baiano e nacional. Otto Edward Henry Wücherer (1820-1873), que nasceu na cidade do Porto, Portugal. Durante a sua infância viveu por alguns anos no Brasil, em Salvador, Bahia. Doutorou-se em 1841, pela Faculdade de Medicina da *Universität Tübingen*, Alemanha, tendo em seguida ido trabalhar como assistente no St. Bartholomew Hospital, em Londres. Em 1847, voltou à

Bahia a fim de prestar assistência médica à comunidade alemã de Salvador. Foi um dos primeiros médicos cientistas no país a praticar a medicina experimental e a usar o microscópio, efetuando importantes pesquisas que se tornaram marcos referenciais nas áreas da helmintologia e do ofidismo.

Nas suas pesquisas microscópicas sobre as fezes dos opilados, encontrou um parasita que identificou como *Ancylostoma duodenale*, nematódeo que havia sido descoberto por Angelo Dubini em 1843, agente responsável pela doença conhecida como *opilação*, popularmente chamada de *amarelão*. Em outro de seus estudos descobriu as microfilárias, causadoras da elefantíase. Em sua homenagem, a espécie desse nematódeo foi denominada *Wuchereria bancrofti*. Boa parte de seus trabalhos foram publicados na *Gazeta Medica da Bahia*, da qual foi um de seus fundadores.

José Francisco da Silva Lima (1826-1910) nasceu em Vilarinho, Portugal, vindo para a Bahia em 1840. Graduou-se na *Faculdade de Medicina da Bahia*, em 1851, clinicando em Salvador. Foi também um dos fundadores da *Gazeta Medica da Bahia* e um médico exemplar e cientista produtivo. Pesquisou várias doenças que, até aquele momento, eram pouco conhecidas. Santos Filho[115] diz que lhe coube a primazia, na literatura médica, da descrição do "ainhum", uma afecção dos dedos dos pés dos africanos. A bouba,[116] o maculo[117] e a dracontíase[118] também foram cuidadosas observações por parte de Silva Lima. Seu mais importante trabalho foi sobre o beribéri, descrevendo de forma precisa as formas clínicas, a sintomatologia e as lesões.

---

115 *Pequena História da Medicina Brasileira.*

116 Doença caracterizada pela formação de lesões pustulosas e mucosas. Seu agente é a bactéria *Treponema pertenue*.

117 Doença também conhecida como *Mal de bicho* é uma retite ulcerante com relaxamento do esfíncter anal externo, consecutiva à diarreia e complicada pelo parasitismo das larvas das moscas e de outros insetos.

118 Doença também conhecida como *Dracunculiase*, causada pelo filarídeo *Dracunculus medinensis ou Verme da Guiné*, ingerido por água contaminada. Os sintomas incluem prurido, náusea, vômitos, inchaço e ulceração das pernas.

John Ligertwood Paterson (1820-1882) nasceu na Escócia, graduando-se em Medicina pela *University of Aberdeen*, em 1841 e chegando a Salvador em 1842, onde teve importante papel social. Foi um grande colaborador de Wücherer e Silva Lima na observação e discussão dos problemas médicos e no exame dos pacientes. Estabeleceu, junto com Wücherer, o diagnóstico e o caráter contagioso das epidemias de febre amarela, em 1849, e do cólera-morbo, em 1855. A partir de 1865 congregou um grupo de colegas médicos, que se reunia duas vezes por mês para debaterem seus casos clínicos mais interessantes e debate das mais recentes notícias científicas. Desses encontros surgiu a ideia da publicação da *Gazeta Medica*.

Um dos mais ilustres sucessores da Escola Tropicalista Baiana foi Manuel Augusto Pirajá da Silva (1873-1961), nascido em Camumu, Bahia. Doutorou-se pela *Faculdade de Medicina da Bahia* (1896), onde iniciou a carreira de pesquisador e professor como assistente da cátedra de Clínica Médica (1902-1911).

Destacou-se pelas observações microscópicas sobre as doenças tropicais que assolavam Salvador. Realizou suas primeiras observações sobre esquistossomose, estudando os ovos do parasita, excretados por um doente em Salvador, descobrindo e descrevendo o *Schistosoma mansoni*, em 1908, parasita que causa nos seres humanos a esquistossomose intestinal. Apresentou ao mundo científico a primeira descrição completa desse parasita.

Foi para a Europa, em 1909, onde estudou microbiologia no Instituto Pasteur. Frequentou o laboratório de parasitologia da Faculdade de Medicina da *Université Paris*, entre 1911 e 1912. Estudou doenças tropicais no *Tropeninstitut Hamburg*, publicando um memorável trabalho sobre a esquistossomose (1912). Colaborou nos periódicos *Archives de Parasitologie* e *The Journal of Tropical Medicine*.

Retornou ao Brasil e, até a sua aposentadoria, em 1935, foi professor de História Natural Médica e Parasitologia. Entre 1921 e 1933 foi inspetor-sanitário-chefe da Profilaxia Rural da Bahia.

Dedicou-se também aos estudos antiofídicos, mantendo intercâmbio com o *Instituto Butantan*, dirigindo o *Posto Antiofídico da Bahia*. Em 1954 recebeu a medalha *Bernhard Nocht*, do *Tropeninstitut Hamburg*. Em 1956 recebeu a *Gran Cruz da Ordem Nacional do Mérito Médico* por destacados serviços prestados à Ciência e à cultura médica do Brasil... Em 1957, recebeu o título de Doutor Honoris Causa da *Universidade de São Paulo*. Faleceu em primeiro de março de 1961.

No fim do século XIX o conceito sobre a salubridade do Brasil era de mal afamado. As terríveis epidemias que assolavam a população aterrorizavam os viajantes. O Rio de Janeiro era conhecido pelos imigrantes como *túmulo dos estrangeiros*. Companhias de navegação, quando podiam, evitavam que seus navios atracassem nos portos nacionais. Este panorama começou a mudar com o profícuo trabalho de Adolpho Lutz, Emilio Ribas, Vital Brazil, Oswaldo Cruz e Carlos Chagas, e muitos colaboradores dos institutos de pesquisa criados a partir do fim do século XIX.

São Paulo foi palco de excelentes trabalhos na consolidação de um novo modelo para a Saúde Pública, em Campanhas Sanitárias e em Medicina Experimental, seguindo metodologia adequada para a época. Em 1874 foi inaugurado o *Instituto Vacínico*, localizado na atual Rua Pires da Mota. Com parcos recursos e desaparelhado, ficou vinte anos estagnado. Em 1892, sob a direção de Arnaldo Vieira de Carvalho, começou a produção da linfa vacínica. Pelo Decreto 3.870 de 11 de julho de 1925, foi incorporado ao *Instituto Butantan*.

A peste bubônica[119] chegou ao Brasil no fim do século XIX no porto de Santos, São Paulo, onde atracavam inúmeros navios provenientes da Europa e de outros continentes aonde a peste dizimava milhões de pessoas. Em 1899, uma equipe de sanitaristas identificou este surto epidêmico que ameaçava alastrar-se pelo país.

---

119 Peste negra. Doença causada pela bactéria *Yersinia pestis*, transmitida ao ser humano por meio das pulgas e ratos pretos (*Rattus rattus*) ou outros roedores.

Em outubro de 1899, Vital Brazil retornou mais uma vez a Santos para coordenar a averiguação de mais um dos até então boatos de que a peste havia, de fato, desembarcado na cidade. Desde o início daquele ano Vital Brazil já vinha, junto ao serviço sanitário local, implantando medidas preventivas contra o possível início de epidemia tão temida. No entanto, desta vez, em pouco tempo constatou, se tratava, sim, de peste bubônica. Fez o diagnóstico e logo Adolpho Lutz seguiu para a cidade e validou seu veredito, enviando material coletado para os principais institutos da Europa. Foi também para Santos o Dr. Emilio Ribas a fim de prestar o seu apoio. A pressão sobre eles, sobre este diagnóstico, era enorme, tanto dos políticos locais, como da imprensa. O porto de Santos, já à época o maior do país, estava ameaçado de ser interditado em razão da chegada da peste. O poder local, ainda resistente em função do prejuízo eminente, na tentativa de contrariar o diagnóstico, pediu que o Governo Federal enviasse alguém do Rio de Janeiro. Ninguém queria ir a Santos, todos estavam conscientes do enorme perigo mortal que a peste representava. O Dr. Chapot Prevot foi o indicado e levou consigo o jovem médico que acabara de retornar de seus estudos na França, Oswaldo Cruz. Ao chegar a Santos, Oswaldo Cruz coletou sangue de Vital Brazil que acabara de manifestar forma grave da doença. Assim confirmou, rápida e oficialmente, o diagnóstico feito há dias pelo próprio Vital Brazil e que já havia sido ratificado por Adolpho Lutz e Emilio Ribas. Chapot Prevot e Oswaldo Cruz ficaram por poucos dias na cidade.[120]

Após a confirmação de que a moléstia que chegara a Santos era a peste bubônica, mal que dizimava milhares de vidas mundo afora, as autoridades sanitárias de São Paulo e do Rio de Janeiro

---

[120] Depoimento de Érico Vital Brazil.

resolveram criar laboratórios para produção de vacina e soro contra a peste: o *Instituto Serumtherapico do Estado de São Paulo* e o *Instituto Serumtherapico Municipal do Rio de Janeiro*.

A necessidade da produção de soro antipestoso em larga escala levou o Governo de São Paulo a providenciar um laboratório produtor na então longínqua e abandonada Fazenda Butantan,[121] no bairro de Pinheiros, um local a 9 km de distância do centro da cidade.[122] Vital Brazil assumiu a incumbência da instalação deste laboratório tendo nos sete primeiros anos um único assistente, Abdon Petit Carneiro, que após dois anos foi sucedido por Dorival de Camargo Penteado. Vital Brazil esteve à frente desta instituição durante mais de vinte anos, desde dezembro de 1899. Em fevereiro de 1901 foi oficialmente criado o *Instituto Serumtherapico do Estado de São Paulo*, posteriormente chamado *Instituto Butantan*.

Em 1892 foi formada a *Rede Estadual de Saúde*, com a criação do *Instituto Bacteriológico* e do *Laboratório de Análises Químicas e Bromatológicas*, assim como a incorporação do Laboratório Farmacêutico e dos Hospitais Públicos então existentes.

Pasteur foi consultado sobre a indicação de um cientista para dirigir o *Instituto Bacteriológico*, que funcionou inicialmente no terreno do Hospital de Isolamento,[123] e indicou Félix Le Dantec que, durante um ano, organizou e delineou as suas principais metas, dedicando-se, em particular, ao estudo da estudo da febre amarela, doença que contraiu no atendimento de pacientes.[124] Recuperado, mas temendo uma recaída, voltou para a França e indicou Adolpho Lutz como seu substituto, que já era um cientista de destaque. Com sua atuação eficiente deu início a Microbiologia no Brasil e

---

121 Desapropriada por Decreto do Presidente do Estado de São Paulo, Coronel Fernado Prestes de Albuquerque.

122 Atualmente é um bairro de alto nível da Cidade de São Paulo.

123 Vide o capítulo *Emilio Ribas*.

124 Nomeado professor de zoologia na Faculdade de Lyon, ele continuou seu trabalho sobre os problemas de digestão intracelular...

o *Instituto Bacteriológico* começou a tomar vulto, propiciando a formação de outros pesquisadores.

Desde os primeiros anos, o *Instituto Bacteriológico* atuou com grande eficiência para melhorar as condições de saúde da população paulista, ajudando a controlar a difusão da febre amarela em quase todo o Estado e combatendo o cólera[125] e a febre tifoide que assolavam a Capital. Como homenagem póstuma ao grande cientista o instituto passou a se denominar *Instituto Adolfo Lutz*, que é reconhecido internacionalmente por sua competência e produção científica.

O Decreto n. 105, de 15 de setembro de 1894, criou no Rio de Janeiro o *Instituto Vacínico Municipal*, com o objetivo de desenvolver o serviço de vacinação contra a varíola[126] que assolava a cidade. O Instituto era fruto de um projeto elaborado pelo Barão de Pedro Afonso e, em 1922, fundiu-se com *Instituto Oswaldo Cruz*.

Salles[127] cita que *os surtos de peste bubônica em Santos e no Rio de Janeiro levaram o Barão de Pedro Afonso a convencer o Prefeito Cesário Alvim das vantagens de se criar uma instituição para os preparos dos meios de cura e prevenção do mal*. Para tal empreitada foi-lhe então cedido o terreno da Fazenda de Manguinhos, com uma área de 35.000 metros quadrados. Mais adiante, Salles diz que Émile Roux, do *Instituto Pasteur* de Paris, foi consultado para a indicação de um nome para o cargo de bacteriologista. Este respondeu que o Brasil não necessitava procurar a pessoa adequada para o cargo fora do país, pois possuía Oswaldo Cruz.

Após a confirmação de que a moléstia que dizimava muitas pessoas em Santos era a peste bubônica, as autoridades sanitá-

---

125 Doença gastrointestinal causada pelo *Vibrio cholerae* (vibrião colérico), descoberto em 1883 por Robert Koch. Antes, porém, sua natureza contagiosa e transmissão pela água foram sugeridas por Parkin, em 1832, e demonstrada na Inglaterra por John Snow em 1849.

126 Proveniente do Continente Africano, onde era endêmica, e também da Europa, por pessoas contaminadas, a varíola aqui se implantou, não mais desaparecendo. Dizimou milhares de indígenas e é apontada por vários pesquisadores como a principal causa do seu extermínio.

127 *História da Medicina no Brasil.*

rias criaram laboratórios para produção de vacina e soro contra a peste: o *Instituto Butantan*, em São Paulo, e o *Instituto Soroterápico Municipal no Rio de Janeiro*, criado em 1900 e tendo Oswaldo Cruz como diretor-técnico e diretor geral o Barão de Pedro Afonso. Dois médicos foram contratados para auxiliar na difícil tarefa: Ismael da Rocha, bacteriologista do Serviço de Saúde do Exército e Henrique de Figueiredo Vasconcellos, assistente do *Instituto Vacínico*. Foram contratados também o veterinário francês H. Carré e dois estudantes de Medicina, Ezequiel Caetano Dias e Augusto Paulino Soares.

Utilizando inicialmente o bacilo que isolara em Santos e aperfeiçoando os métodos conhecidos, conseguiu Oswaldo Cruz e sua equipe, ainda em 1900, produzir uma vacina e um soro, que receberam reconhecimento internacional, por Émile Roux e Robert Koch, pela sua eficácia. Em 1902, o Barão saiu da direção geral, cargo que passou a ser ocupado por Oswaldo Cruz. Mais uma vez recorremos a Salles[128], que diz:

> *Pouco a pouco foi Oswaldo Cruz ampliando as funções do Instituto, transformando-o em escola experimental, visando principalmente o estudo das moléstias tropicais. Esta orientação atraiu para a Casa novos colaboradores, como Rocha Lima, Artur Neiva, Carlos Chagas, Alcides Godoi e Henrique Aragão. As qualidades de liderança de Oswaldo começaram a dar frutos.*

Pesquisas de diversas áreas médicas foram sendo desenvolvidas no instituto: hematologia, bacteriologia, protozoologia, virologia, imunologia e helmintologia. Surgiu destas pesquisas um crescente número de monografias que divulgavam os resultados dos trabalhos. Personagens que ilustrariam a pesquisa científica médica brasileira se aperfeiçoaram no *Instituto de Manguinhos* sob a orientação de Oswaldo Cruz. Podemos citar: Carlos Cha-

---

[128] *História da Medicina no Brasil.*

gas, Ezequiel Dias, Antônio Cardoso Fontes, Eduardo Rabello, Paulo Parreiras Horta, Henrique de Beaurepaire Aragão, Affonso MacDowell, Henrique da Rocha Lima, Raul de Almeida Magalhães, Arthur Neiva, Antônio Gonçalves Peryassú, José Gomes de Faria, Alcides Godoy e Arthur Moses.

> *Em 1904 o Instituto Butantan foi laureado com a medalha de prata na Exposição Internacional em St. Louis, EUA.*[129] *Primeira de algumas outras premiações que o Instituto Butantan alcançou ao longo dos anos. Provavelmente, esta foi a primeira vez que primeira instituição brasileira conquistou reconhecimento internacional deste vulto.*[130]

Em 1907 o *Instituto de Manguinhos*, representado por Oswaldo Cruz, foi premiado com a medalha de ouro do 14º Congresso Internacional de Higiene e Demografia de Berlim pelo trabalho que anunciava a erradicação da febre amarela no Rio de Janeiro. O impacto do prêmio foi importante na rápida aprovação e sanção do projeto, pelo presidente Afonso Penna, como Decreto n. 1812, em 12 de dezembro de 1907, que transformava o *Instituto Soroterápico Federal* em *Instituto de Patologia Experimental*, guardado há muito tempo em alguma gaveta do Congresso Nacional. Quando o Governo Federal aprovou o respectivo regimento, em 19 de março de 1908, foi oficialmente adotada a denominação *Instituto Oswaldo Cruz*.

O desenvolvimento científico com alto nível para os padrões da época, articulado com a divulgação do conhecimento por meio do Curso de Aplicação e à produção de vários agentes profiláticos, terapêuticos e diagnósticos, já em 1909 o *Instituto Oswaldo Cruz* assumiu as atividades que hoje são exercidas pelas modernas uni-

---

129 Vide setor de anexos (nota do autor).

130 Depoimento de Érico Vital Brazil.

O início da pesquisa médica no Brasil

versidades: ensino, pesquisa e extensão. Outro importante veículo de difusão do conhecimento produzido em seus laboratórios era o periódico, publicado a partir de 1909, *Memórias do Instituto Oswaldo Cruz*, que hoje é o mais antigo periódico biomédico latino-americano. É uma revista internacional que publica contribuições originais de cientistas e pesquisadores do mundo inteiro nas áreas de parasitologia, microbiologia, medicina tropical, assim como estudos básicos em bioquímica, imunologia, biologia celular e molecular, fisiologia e genética relacionados com essas áreas.

Ao longo da história o *Instituto Oswaldo Cruz* tornou-se um dos mais importantes centros nacionais de pesquisa.

Cabe destacar, ao final deste capítulo, que o primeiro periódico brasileiro específico para o resgate da História da Medicina foi a *Revista Brasileira de História da Medicina*, órgão oficial do Instituto Brasileiro de História da Medicina e da Federação Nacional de História da Medicina. Teve como fundador e diretor o Dr. Ivolino Vasconcelos, docente da Faculdade Nacional de Medicina da *Universidade do Brasil*.

O primeiro número foi publicado em 30 de novembro de 1949. Mendonça e Nicolini[131] apontam que:

> *A* Revista Brasileira de História da Medicina *divulgava uma série de congressos e eventos internacionais que contribuíam com o intercâmbio entre os historiadores da medicina do Brasil e da Europa. Neste sentido, o trabalho desenvolvido pelos historiadores da medicina da época e o papel desempenhado pela revista foram fundamentais para desfazer a noção de que a ciência produzida no país, inclusive a ciência médica, simplesmente imitava e reproduzia os modelos europeus.*

---

[131] *Revista Brasileira de História da Medicina*, pioneira da historiografia médica.

O periódico recebia contribuições nacionais e internacionais e o público-alvo eram as classes médicas e afins, e foi publicada trimestralmente até 1956; mensalmente até 1958 e bimestralmente até 1963. O periódico foi o pioneiro na divulgação de artigos de História da Medicina em nosso país.

Em 21 de novembro de 1997 foi fundada a Sociedade Brasileira de História da Medicina, tendo como idealizadores o Dr. Argeu Castro Rocha, Dr. Joffre Marcondes de Rezende e Dr. Ulysses Garzella Meneghelli. A iniciativa teve o importante apoio do Prof. Dr. Carlos da Silva Lacaz (1915-2002), que foi eleito seu primeiro presidente (1997-2001).

O Dr. Lacaz formou-se na Faculdade de Medicina da USP e foi diretor desta instituição, destacando-se no estudo da medicina tropical. Escreveu aproximadamente 500 artigos científicos e 1500 artigos de divulgação científica, a maioria publicada no jornal *Folha de São Paulo*. Escreveu 50 livros sobre Medicina e Historiografia Médica. Na Faculdade de Medicina da USP foi Professor Catedrático de Microbiologia e Imunologia e Professor Titular do Departamento de Medicina Tropical e Dermatologia. Na mesma instituição funciona o Museu de História da Medicina Prof. Carlos da Silva Lacaz.

Figura 29: **Instituto Butantan em 1913.**
Fonte: <http://www.museuvitalbrazil.org.br>.

Figura 30: **Interior do primeiro laboratório do Instituto Butantan.**
Fonte: <http://www.museuvitalbrazil.org.br>.

Figura 31: **Instituto Bacteriológico, no terreno do Hospital de Isolamento, no fim do século XIX.**
Fonte: *Impressões do Brazil no Século Vinte*, editado e impresso na Inglaterra por Lloyd's Greater Britain Publishing Company, Ltd., 1913.

OSWALDO CRUZ

O swaldo Gonçalves Cruz, filho do médico Bento Gonçalves Cruz e de Amália Taborda de Bulhões Cruz, nasceu em São Luís do Paraitinga, no interior do Estado de São Paulo, no dia 5 de agosto de 1872, onde viveu até 1877 quando a família se mudou para o Rio de Janeiro. Ingressou na Faculdade de Medicina do Rio de Janeiro aos quinze anos e formou-se em 24 de dezembro de 1892, defendendo a tese *Veiculação Microbiana pelas Águas*. Aos 20 anos de idade casou-se com Emília da Fonseca, com quem teve seis filhos. Apaixonado pela microbiologia, mesmo antes de concluir o curso, montou um pequeno laboratório no porão de sua residência, com a aparelhagem presenteada por seu sogro no casamento, para desenvolver suas pesquisas.

Em 1896 foi para Paris e se especializou em Bacteriologia no Instituto Pasteur, orientado pelo bacteriologista Pierre-Paul Émile Roux (1853-1933), onde deixou um grande número de admiradores pela sua inteligência e dedicação aos estudos. Especializou-se também em urologia, pois sabia que as doenças venéreas eram um problema grave, principalmente a gonorreia, que contaminava muitos brasileiros.

De regresso ao Brasil, trazia sérias aspirações profissionais sustentadas pelos importantes conhecimentos técnicos e uma sólida educação científica adquiridos na Europa. Encontrou a dura realidade sanitária da nação assolada pelas epidemias. Nava[132] nos diz que:

> *De volta ao Brasil continua Oswaldo a trabalhar no seu porão, entregue a experiências que se prolongavam pela noite adentro e cujas verificações obrigavam-na a dormir com o despertador debaixo do travesseiro para levantar-se, várias vezes, nos momentos marcados, para anotar o progresso de uma observação ou os incidentes de uma pesquisa. Além disso, tinha consultório no centro da cidade, à Travessa de S. Francisco, com um laboratório anexo, destinado à realização de exames auxiliares do diagnóstico clínico.*

Sob sua direção o *Instituto de Manguinhos* passou a exercer atividades de pesquisa e formação, além da produção de soros. Conforme Santos Filho:[133]

> *Oswaldo Cruz construiu para sede do instituto um verdadeiro palácio em estilo mourisco, contratou auxiliares e ensinou-lhes a investigação científica ordenada, enviou-os à Europa para especialização, orientou-os nas pesquisas, criou um curso de Medicina Experimental e fundou a revista intitulada* Memórias do Instituto Oswaldo Cruz *(1909). O Instituto tomara seu nome e foi por ele dirigido até a sua morte em 1917.*

---

132 *Capítulos da História da Medicina no Brasil.*
133 *Pequena História da Medicina Brasileira.*

O pesquisador da Fiocruz, Paulo Gadelha, declarou à revista *IstoÉ* que *ele queria construir um Templo da Ciência, um símbolo. Por isso tanto luxo e ornamentos.*

Aos candidatos às vagas de pesquisador no *Instituto Mangui-nhos* fazia a seguinte pergunta: *o que o senhor sabe sobre Bacterio-logia?* Se a resposta fosse "muita coisa" ou "tudo", o candidato era imediatamente reprovado. Se dissesse "nada, mas quero aprender", era imediatamente aceito. Quando assumiu a direção do Instituto tinha a intenção de preparar novos pesquisadores, ensinando o que havia aprendido na Europa.

No fim do século XIX, o Rio de Janeiro era uma cidade onde ocorriam importantes transformações. Além da abolição da escravatura e a proclamação da República, ocorria um acelerado processo de industrialização, conforme os padrões da época, e a construção de uma complexa malha ferroviária, entrando em contato tardiamente com as invenções científicas e tecnológicas europeias: o telégrafo, a energia elétrica e o cinema já eram uma realidade. Muitos imigrantes europeus chegavam buscando trabalho.

Nos albores de século XX a elite brasileira, principalmente na antiga Capital Federal, desejava mostrar ao mundo a imagem de uma nação moderna, branca, liberal e avançada. O sonho tropical encontrava uma grande muralha, uma realidade visível para o olhar atento da maioria da população: o dia a dia dos ex--escravos e imigrantes pobres. Bichara[134] aponta para o fato de que, *à margem da pretensa civilização, essa camada da população era submetida a condições de trabalho subumanas, tanto no campo quanto nas cidades, mergulhada no analfabetismo e morrendo por causa de doenças como febre amarela, peste bubônica, varíola e outras epidemias.*

Em 1903 o Rio de Janeiro, então com cerca de 800 mil habitantes, era uma cidade perigosa em função dessas doenças. A Capital da República era uma vergonha nacional. O presidente Rodrigues

---

134 *Resistência na veia.*

Alves resolveu agir para acabar com elas, convocando Oswaldo Cruz para assumir a chefia da Diretoria Geral de Saúde Pública.[135] Promoveu a reforma do Código Sanitário e a restruturação de todos os órgãos de Saúde e Higiene do país. Entretanto, suas políticas de saneamento mexeram com a vida dos cariocas, principalmente dos pobres. *Para acabar com a epidemia de peste bubônica, instituiu a notificação compulsória dos casos verificados e empreendeu a matança dos ratos transmissores da doença, na cidade, nos subúr-bios, nos porões dos navios atracados no porto.*[136]

Um fato curioso aconteceu nessa época: Oswaldo Cruz ofe-recia 100 réis por cada rato capturado e entregue. Logo, a criação de ratos tornou-se um rentável negócio para os oportunistas de sempre. O mais conhecido do Rio de Janeiro era o espertalhão conhecido pelo apelido de *Amaral dos Ratos* que foi denunciado e preso. Declarou então que seus ratos eram cariocas legítimos, enquanto os dos concorrentes eram paulistas. Durma-se com um barulho desses!

Em outubro de 1904, entrou em vigor a Lei da Vacina Obri-gatória para conter o surto de varíola que dizimava milhares de pessoas. Essa ação irritou a população[137] e gerou petições contrárias assinadas por cerca de quinze mil pessoas. Oswaldo Cruz propôs uma arrojada regulamentação que exigia comprovantes de vacina-ção para matrículas em escolas, empregos, viagens, hospedagens e casamento. Cruz dizia: *só tem varíola quem quer – e quando e onde a administração pública o* consente. Além disso, organizou brigadas de *mata-mosquitos*, funcionários dirigidos por estudantes de Medicina, que periodicamente invadiam as casas e os cortiços e destruíam os recipientes que serviam de criação do mosquito

---

135 Cargo equivalente ao atual Ministro da Saúde.

136 *Pequena História da Medicina Brasileira.*

137 Muito ignorante na época.

Aedes aegypti,[138] transmissor da febre amarela e para limpar caixas d'água e calhas. Vianna[139] cita:

> *Propôs a criação de uma brigada que, espalhada por toda a cidade, e especialmente nos focos conhecidos do mal, se incumbisse de preservar os doentes da picada do mosquito e também da destruição dos vetores da moléstia. Além destas, outras medidas complementares foram pedidas e mais tarde postas em execução.*

A polícia sanitária multava donos de imóveis insalubres e os doentes deveriam ficar isolados em suas casas. Além disso, mandou espalhar raticida pela cidade e determinou o recolhimento do lixo pela população.

Como dissemos, estas ações geraram muitos protestos da população e da imprensa,[140] em parte pela falta de informação, e estabeleceu-se a chamada *Revolta da Vacina* com muitas greves e tiroteios. Revoltaram-se alunos da Escola Militar, comandados pelo General Silva Travassos, e revoltaram-se populares orientados pelo Senador Lauro Sodré e o Deputado Alfredo Varela. As forças fiéis ao Presidente da República levaram seis dias para conter o motim, após o que a vacina passou a ser facultativa. O triste saldo da Revolta da Vacina foi de 23 mortos, 67 feridos e 945 presos. Em 1908, uma grande epidemia de varíola atingiu mais de nove mil pessoas, e mesmo assim a "não obrigatoriedade" foi mantida. No entanto, a população foi em busca de ajuda aos postos de

---

138 Na época era denominado de *Stegomia fasciata.* É bastante conhecido pela população brasileira da atualidade como mosquito da dengue.

139 *Saúde Pública.*

140 Os jornais se dividiram: o *Commercio do Brazil,* do deputado Alfredo Varela, e *O Correio da Manhã,* de Barbosa Lima, atacavam a obrigatoriedade da vacina e o diário governista. *O Paiz* defendia a ideia com todo fervor. Logo o fato tomou conta do Rio de Janeiro. Os representantes dos trabalhadores não concordavam com a nova lei, que, entre outras coisas, exigia o atestado de vacina para conseguir emprego, e criaram a Liga contra a Vacina Obrigatória, que em poucos dias arrebanhou mais de duas mil pessoas.

vacinação, atestando a validade dos métodos de Oswaldo Cruz. De acordo com Tiner[141], *um ano antes fora declarada a erradicação da febre amarela.*

Seria muito simplista atribuir a revolta da população e outros setores da sociedade do Rio de Janeiro apenas à obrigatoriedade da vacina. Melo e Souza[142] diz, sobre a revolta, que *alguns historiadores consideram-na, pela violência de que se revestiu da mesma importância, no espaço urbano, que a Guerra de Canudos e a Revolta do Condestado, no espaço rural.* Muitos componentes determinaram a Revolta da Vacina que foi o estopim da rebelião geral com as autoridades públicas: poucas e péssimas redes de água e esgotos, grandes quantidades de lixo nas ruas, cortiços superpopulosos. Tudo isso propiciava a proliferação de diversas doenças como a tuberculose, lepra, sarampo, tifo, febre amarela, varíola, peste bubônica e outras.

O Presidente Rodrigues Alves privilegiava a exportação agrícola, principalmente o café, pois os fazendeiros do Estado de São Paulo constituíam um forte pilar da sua base de sustentação. Dizia que *o meu plano de governo vai ser muito simples. Vou limitar-me quase exclusivamente a duas coisas: o saneamento e o melhoramento do porto do Rio de Janeiro.* As melhorias do porto eram necessárias para dar vazão à grande produção de café. Pereira Passos (1836-1913), filho de um cafeicultor e antigo engenheiro do Ministério do Império, foi nomeado prefeito do Rio Janeiro pelo Presidente Rodrigues Alves e recebeu plenos poderes para promover uma ampla reforma urbanística da cidade, inspirado nas reformas que Georges-Eugène Hassmann realizou em Paris.[143]

---

[141] *100 Cientistas que mudaram a história do mundo.*

[142] *A Revolta da Vacina.*

[143] Pereira Passos especializou-se na *École des Ponts et Chaussées* em Paris e tinha grande afeição pelos conceitos urbanísticos com os quais teve contato na Europa.

Em pouco menos de um ano mandou demolir aproximadamente 600 edifícios e casas velhas para abrir a Avenida Central,[144] uma ação conhecida como *Bota Abaixo*, com o objetivo de desalojar de suas moradias milhares de pessoas que não eram bem vistos na *cidade higienizada* e que, sem opção, se mudaram para a periferia e para os morros, intensificando o crescimento das favelas. A população, principalmente as dos bairros mais carentes, revoltados com a perda de suas casas, a ação truculenta da *Brigada Mata-Mosquitos* e alarmados com as notícias dos jornais sobre os perigos da vacina deflagraram todos os acontecimentos já relatados.

Não houve por parte do Governo empenho em propaganda ou esclarecimento público sobre a importância da ação eficaz da vacina. Desde a descoberta, por Jenner em 1796, da vacina contra a varíola, as nações da Europa iniciaram a campanha pela erradicação. Salles[145] diz que *Portugal participou, na Metrópole e no Ultramar, do mesmo interêsse. No Rio de Janeiro foi feita a primeira vacinação em 1798, sendo autor do feito o Cirurgião Francisco Mendes Ribeiro, do Primeiro Regimento de Milícias daquela cidade.*

A população sempre aceitou bem a aplicação da vacina. D. João VI instituiu no Rio a *Junta Vacínica da Corte*, em 1811, confiando a sua direção ao Cirurgião-Mor Teodoro Ferreira de Aguiar, que intensificou as medidas de imunização. *O Decreto n. 46·!, de 17/08/1846, criou o "Instituto Vacínico do Império", conhecido também pelo nome de Instituto Vacínico da Corte, resultante do Regulamento que reformara a Junta Vacínica da Corte, ampliando seu raio de ação para todo o Império.*[146] Percebe-se então que a vacinação, que não devia ser obrigatória, foi apenas um dos motivos para a revolta da população.

---

[144] Em 12 de fevereiro de 1912, passou a chamar-se Avenida Rio Branco.

[145] *História da Medicina no Brasil.*

[146] Alex Varela; Atiele de Azevedo de Lima Lopes; Patricia Santos Hansen; Francisco José Chagas. Instituto Vacínico do Império.

No número 153, de 6 de maio de 1911, da Revista *Careta*, Leal de Souza escreveu:

Dr. Oswaldo Cruz

O Sr. Oswaldo Cruz, doutor em medicina pela Faculdade do Rio de Janeiro e organizador da temerária brigada de mata-mosquitos, apresenta, na legião incontável dos beneméritos da pátria, a singularidade espantosa de ser um benemérito da verdade.

Já encanecido e ainda moço, fundou no retiro virgiliano de Manguinhos o Instituto científico do seu nome, laboratório de cujas retortas os nossos bisonhos estudantes, sacrificando os desejos da carne às aspirações espirituais, ressurgem transformados em sábios.

À maneira de um deus terrível em serviço benéfico, fechando as narinas para não aspirar ao incenso entontecedor e fechando os ouvidos para não escutar os clamores que encolerizam, afrontou e venceu a febre amarela, repeliu a peste bubônica e deteve a corrente invasora da varíola.

Numa viagem ousada, sonhando fechar os portos aos micróbios de todas as terras, percorreu o nosso dilatado litoral.

Atravessando a Europa com a rapidez luminosa de um cometa, conquistou o primeiro prêmio na Exposição Internacional de Higiene celebrada em Berlim. Agora, sob o abafado calor do sol paraense, saneia a opulenta e miserável capital que as pestes devastam e os Lemos[147] emprestam.

Se este homem não tivesse surgido à luz da vida, em centenas de lares, gemendo e chorando, centenas de famílias teriam vestido a negra cor do luto.

---

147 Referência ao intendente (prefeito) Antonio Lemos e seus familiares (nota do autor).

Nava,[148] citando o sofrimento dos que lutaram contra a rotina e a estupidez, recebendo pedras em troca dos benefícios distribuídos diz que Oswaldo Cruz salvou à força uma coletividade que queria morrer de febre amarela e de varíola – pequenos males, se comparados à pestilência da sua ignorância e de sua estagnação.

Em 1909, entrou em vigor uma lei que proibia a acumulação de cargos no Serviço Público Federal. Oswaldo Cruz deixou a *Diretoria Geral de Saúde Pública* e passou a dedicar-se ao *Instituto Soroterápico*, já transformado em *Instituto Oswaldo Cruz*, onde organizou importantes expedições científicas que viabilizaram a ocupação do interior do país. Erradicou a febre amarela no Pará e realizou a campanha de saneamento da Amazônia. Dessa forma, as obras da Estrada de Ferro Madeira-Mamoré Railway, cuja construção havia sido interrompida em função da proliferação da malária que havia matado muitos operários, puderam ser completadas.

Santana[149] cita:

> *Juntamente com outros cientistas inicia-se um movimento expedicionário pelo Brasil com o objetivo de pesquisar e promover a melhoria das condições sanitárias das regiões brasileiras. Surge então o chamado Movimento Sanitarista, que defendia a ideia de que não haveria desenvolvimento nacional se as doenças endêmicas não fossem combatidas. Criaram-se assim dados e relatos da real situação brasileira e esta importante ação científica contribuiu para desmentir ideias preconceituosas da época como composição racial do povo e clima quente do trópico. A repercussão foi tanta que Monteiro Lobato convenceu-se e mudou de ideia, refazendo o personagem Jeca Tatu. Assim o próprio escritor, que fora adepto das ideias anteriores, acabou sendo um dos líderes do Movimento Sanitarista.*

---

148 *Capítulos da História da Medicina no Brasil.*

149 *Oswaldo Cruz*: de vilão a herói nacional, o legado de um cientista brasileiro.

Um dos seus principais colaboradores nessa empreitada foi Belisário Penna, nascido aos 29 de novembro de 1868, em Barbacena, Minas Gerais. Matriculou-se, em 1886, na *Faculdade de Medicina do Rio de Janeiro*, concluindo o curso na *Faculdade de Medicina da Bahia* em 1890. Foi um dos introdutores no Brasil da Teoria da Eugenia. Kehl[150] definia a eugenia como

> *[...] sciencia da boa geração [...]. Para a consecução de seus desígnios seleccionistas estabelece a seleção dos genitores [...]. Destaca-se o que diz respeito à esterilização dos indivíduos inaptos para as boas procreações, degenerados somato-psychicos [...] incluindo entre estes os leprosos, loucos, idiotas, epilepticos, cancerosos, nephriticos tuberculosos, prostitutas, vagabundos [...]. A esterilização dos degenerados e criminosos constitue uma das medidas complementares da politica eugenica, a qual estabelece, precipuamente, o exame de sanidade pré-nupcial, o impedimento à paternidade indigna, à procreação, em summa, de cacoplastas e desgraçados.*

A etimologia da palavra eugenia remete à conjunção das palavras gregas *eu* (bem) e *genos* (raça, espécie). Assim, o vocábulo eugenia pode ser interpretado como *bem nascido* ou *boa espécie*. O termo eugenia, entretanto, foi criado em 1883, por Francis Galton, definindo-o como o "estudo dos agentes sob o controle social que podem melhorar ou piorar as qualidades raciais das futuras gerações nos campos físico e mental".

No Brasil, do início do século XX, esta teoria responsável pela pesquisa e estudo das melhores condições para a reprodução e o melhoramento da espécie humana, ganhou corpo com importantes pensadores como Manoel Bonfim e Alberto Torres. Gradativamente substituíram as teorias raciais e climáticas pelas explicações de

---

150 A esterilização dos grandes degenerados e criminosos.

aspecto histórico sobre a realidade nacional e as condições de vida do povo. Souza[151] diz: *se até então a mestiçagem e o clima eram vistos como as principais causas da degeneração racial, a ciência demonstrava, agora, que o atraso do país estaria relacionado às doenças e à falta de saneamento. De uma interpretação determinista sobre os problemas sociais, a ciência abriria caminho para uma interpretação médico-sanitarista.* As expedições, a diversas localidades brasileiras, realizadas pelos cientistas de Manguinhos, mostraram uma nação afligida por problemas que não eram apenas relacionados ao clima e à raça, mas sim pelo abandono, pelo isolamento e pelas muitas enfermidades. Stepan[152] explica que:

> *Neste contexto em que a confiança profética no poder dos "homens da ciência" se afirmava, os eugenistas encontraram um solo fértil para propagarem suas ideias e se estabelecerem no campo científico brasileiro, assumindo um importante lugar no discurso regenerador da nação. Disposta a promover a higiene e o saneamento como "panaceia universal", a* intelligentsia[153] *brasileira se viu encantada pela eugenia ao visualizar em seus enunciados "um tipo de extensão e modernização científica do trabalho de figuras heroicas como Oswaldo Cruz e Carlos Chagas.*

---

151 *Por uma nação eugênica*: higiene, raça e identidade nacional no movimento eugênico brasileiro dos anos 1910 e 1920.

152 *A hora da eugenia:* raça, gênero e nação na América Latina.

153 O termo originalmente denota e, posteriormente, em geral conota a existência de grupos de intelectuais que se caracterizam – e se distinguem de seus pares – por certo número de atributos, entre os quais o principal se refere à natureza particular de suas relações com a política. Para Karl Mannheim a *intelligentsia* é uma camada intersticial, situada não acima, mas entre as classes sociais. Costuma ser referência a uma categoria ou grupo de pessoas engajadas em trabalho intelectual complexo e criativo visando ao desenvolvimento e a propagação da cultura (nota do autor).

Nagamini[154] cita que:

> *Francis Galton (1822-1911) investigou as relações entre ascensão social, genética e hereditariedade, e o autor europeu mais evidente é o francês Arthur Gobineau (1816-1882). Ele chegou a nos visitar, deixando os brasileiros familiarizados com ideias fundamentais de racismo. Gobineau pensava que a população do país seria extinta em função de sua "degenerescência genética", a menos que se fortalecesse, com injeção de valores das raças europeias.*
>
> *Assim, com a "eugenia" tentava-se provar a superioridade genética de grupos humanos – "raças" –, sem levar em conta fatores socioeconômicos e culturais. Em alguns países da Europa, essas ideias culminaram nas políticas racistas e xenófobas do nazismo e do fascismo.*

A farsa científica da eugenia justificava o racismo e alastrou-se por diversos países europeus, Estados Unidos e América Latina.

Com a nomeação de Oswaldo Cruz, em 1903, para a *Diretoria Geral de Saúde Pública*, realizaram-se concursos para as campanhas sanitárias. Belisário Penna foi aprovado e tomou posse como inspetor sanitário no Rio de Janeiro, em maio de 1904.

Conforme Thielen e Santos:[155]

> *Durante o mês em que permaneceram em Porto Velho, na construção da Ferrovia Madeira-Mamoré, Oswaldo Cruz e Belisário Penna estudaram as condições sanitárias da região e propuseram um plano de combate à malária que prescrevia o uso diário, compulsório, de quinina pelos trabalhadores, sob pena de*

---

154 *Estradas de ferro e medicina alteram qualidade de vida.*
155 *Belisário Penna:* notas fotobiográficas.

> não receberam os salários caso não tomassem suas doses. O plano foi posto em prática pela empresa norte-americana ainda com a presença de Cruz e Penna. Após várias tentativas frustradas de construção da ferrovia, desde o século XIX, ela foi finalmente concluída em 1912.

A saúde de Oswaldo Cruz não era das melhores e Belisário preocupava-se com ele. Em carta enviada à sua esposa, Oswaldo dizia:[156]

> Não imaginas o que é isto aqui! Como se adoece e como se morre! Todos os dias entram vinte a trinta doentes e morrem dois ou três. Quanto a mim não tenho o menor receio. Tomo todas as precauções e o Belisário é um cérbero[157] que não me deixa pisar em rama verde. Tem comigo uma solicitude fraternal. Leva o carinho ao ponto de se levantar para ver se há algum mosquito em meu cortinado.

Com o falecimento de Raimundo Correia, em 13 de setembro de 1911, foi apresentada na *Academia Brasileira de Letras* a candidatura de Oswaldo Cruz. Foi eleito, em 11 de maio de 1912, com 18 votos, contra 10 de Emílio Menezes. A sua eleição causou grande polêmica naquela casa, pois alguns pensavam que, pela sua denominação, a academia somente devia aceitar literatos. A sua posse ocorreu em 26 de junho de 1913.

Em 1916, afastou-se definitivamente do *Instituto de Manguinhos*, e em 17 de agosto do mesmo ano foi nomeado, pelo Presidente do Estado do Rio de Janeiro Nilo Peçanha, primeiro prefeito de

---

156 *Carta a Emília F. Cruz*. Porto Velho, 25.07.1910 (Fundo Pessoal O. Cruz. DAD-COC).

157 Na mitologia grega era o cão de três cabeças, guardião da porta do inferno e sua missão não consistia em impedir a entrada das pessoas e, sim, em não deixá-las sair de lá (nota do autor).

Petrópolis, no Estado do Rio de Janeiro, onde residia desde 1915. Logo após a sua posse traçou vasto plano de urbanização que evidentemente incluía, entre outras metas, a construção de rede de esgotos e a organização dos serviços sanitários da cidade. A saúde precária levou-o a pedir licença do cargo, ao qual não retornaria, em janeiro de 1917. Faleceu em 11 de fevereiro do mesmo ano.

Cercado pela família — sua "tribo", costumava dizer — e por amigos, entre eles Carlos Chagas, Belisário Pena e Salles Guerra, o grande sanitarista morreu em casa, na Rua Montecaseros, em Petrópolis. Foi enterrado, no dia seguinte, no Cemitério São João Batista, no Rio de Janeiro, debaixo de intensa comoção popular, com consagradora cobertura na imprensa e honras só reservadas aos maiores heróis nacionais. Quase um século depois de sua morte, Oswaldo Cruz é mais que um nome de ruas, praças e avenidas em todo o Brasil — e até mesmo em sua amada Paris, onde existe, nas proximidades do Arco do Triunfo, uma *Rue* Oswaldo Cruz, não longe de onde ele morou, jovem bolsista do Instituto Pasteur.[158]

O *Médico do Brasil* morreu muito jovem, vítima de insuficiência renal, mas continua vivo nos corações dos brasileiros que valorizam a história da nação e seus filhos diletos.

A Lei n. 5.352, de 8/11/1967, instituiu, em sua homenagem, a data de cinco de agosto como o *Dia Nacional da Saúde*.

---

[158] Disponível em: http://www.projetomemoria.art.br/OswaldoCruz

Figura 32: **Foto de Oswaldo Cruz oferecida a Vital Brazil (1904).**
Fonte: Museu Vital Brazil.

Figura 33: *Revolta da Vacina*. **Charge de Leônidas.**
Fonte: Revista *O Malho*, 29 de outubro de 1904.

Figura 34: **Cédula de 50.000 cruzeiros homenageando Oswaldo Cruz.**
Casa da Moeda.

Figura 35: **Verso da cédula de 50.000 cruzeiros homenageando Oswaldo Cruz, onde podemos ver a imagem do Instituto de Manguinhos.**
Casa da Moeda.

Figura 36: **Oswaldo Cruz. Charge de J. Carlos.**

Fonte: Revista *Careta*, de 31 de outubro de 1908, cuja manchete era: Dr. Oswaldo Cruz – General da Brigada Mata-Mosquitos. Último mártir da ciência.

Figura 37: **Oswaldo Cruz. Caricatura de H. Frantz.**

Fonte: Revista francesa *Chanteclair*, de outubro de 1911. Representa Oswaldo Cruz atrás do Castelo de Manguinhos, combatendo a febre amarela e a peste bubônica.

Figura 38: **Capa da *Revista da Semana*, de 2 de outubro de 1904.**
Charge de Bambino sobre a vacina obrigatória.

CARLOS CHAGAS

Carlos Ribeiro Justiniano das Chagas, filho de José Justiniano Chagas e Marianna Cândida Ribeiro de Castro Chagas, nasceu na Fazenda Bom Retiro na cidade mineira de Oliveira em nove de julho de 1878. Em Ouro Preto iniciou o curso de Engenharia, porém vítima do beribéri, foi tratar-se na cidade de Oliveira, onde seu tio materno, Dr. Carlos Ribeiro de Castro, tinha consultório. Aconselhado pelo tio, parou os estudos iniciados na Escola de Minas e foi para o Rio de Janeiro. Em abril de 1897 matriculou-se na *Faculdade de Medicina do Rio de Janeiro*, renovada pelas teorias de Pasteur e Koch, concluindo o curso em 1902. Fez suas pesquisas para a elaboração de sua tese doutoral no Instituto de Manguinhos, *Estudos Hematológicos no Impaludismo*,[159] defendida em março de 1903.

Foi convidado por Oswaldo Cruz para integrar a equipe de pesquisadores do Instituto, porém fez opção pela clínica.

---

[159] Doença também conhecida como malária ou febre palustre é causada por proto-zoários do gênero *Plasmodium* e transmitida pela picada de fêmeas infectadas de insetos do gênero *Anopheles*.

Em março de 1904, foi nomeado médico da Diretoria Geral de Saúde Pública e passou a trabalhar no Hospital de Isolamento Paula Cândido, em Jurujuba, Niterói. Ao mesmo tempo, instalou seu consultório particular no centro do Rio, na Rua da Assembleia. Naquele mesmo ano casou-se com Iris Lobo, filha do senador mineiro Fernando Lobo Leite Pereira (1851-1918), e que conhecera por intermédio de Miguel Couto.[160]

O casamento ocorreu no dia 23 de julho e passaram a residir em uma pequena casa alugada na Rua Voluntários da Pátria, em Botafogo. Da união nasceram Evandro Chagas, Carlos Chagas Filho e Maurício, que faleceu precocemente com apenas um mês de vida.

Em 1905 a Companhia Docas de Santos solicitou a Oswaldo Cruz recursos financeiros e humanos para combater uma epidemia de malária entre os trabalhadores que construíam uma usina hidrelétrica em Itatinga, São Paulo. Carlos Chagas foi comissionado para coordenar a campanha bem-sucedida. Sua ação eficaz, que tinha por base a desinfecção familiar, tornou-o conhecido como autoridade científica em todo o mundo. Em 1906 passou a integrar a equipe do *Instituto Oswaldo Cruz* para mais tarde assumir o cargo de diretor de Saúde Pública.

Chagas viajava constantemente pelo interior do Brasil para trabalhar no combate a epidemias. Em junho de 1907 partiu, junto com Belisário Penna, para o norte de Minas Gerais, em uma campanha contra a malária, onde uma epidemia paralisava as obras de prolongamento da Estrada de Ferro Central do Brasil no trecho entre Corinto e Pirapora. Em Lassance, norte de Minas Gerais, enquanto comandava a campanha, montou um pequeno laboratório em um vagão de trem da Estrada de Ferro Central do

---

160 *Estudos médicos na capital do Império.*

Brasil, vizinho ao seu quarto de dormir. Motivado por seu crescente interesse pela entomologia e pela protozoologia, passou a coletar e examinar espécies da fauna brasileira.

Fazia muitas visitas familiares para desinfecção e, em uma dessas visitas a um casebre na cidade mineira de Lassance, notou que nas paredes existiam vários espécimes do inseto chamado popularmente de *barbeiro*. Recolheu alguns deles e os levou para estudos em seu laboratório. Nessa pesquisa conseguiu identificar o parasita do inseto que ele denominou de *Tripanosoma cruzi,* em homenagem a Oswaldo Cruz. Descobriu também a existência do barbeiro em animais domésticos e, informado de que vários moradores do local padeciam de doenças estranhas, dedicou-se a estudar a relação entre essas doenças e o *Tripanosoma cruzi.* A sua ampla pesquisa possibilitou, além da descoberta do parasita, determinar a sua anatomia patológica, a epidemiologia, as formas clínicas, os meios de transmissão, a profilaxia e a sintomatologia da doença. Em 1909, anunciou a descoberta do parasita no sangue de uma menina de três anos chamada Berenice, que ele curou e só morreu aos 82 anos. A repercussão da sua pesquisa foi tão grande que o mal ficou conhecido em todo o mundo como *Doença de Chagas.*

Segundo Tiner,[161] Chagas participou efetivamente no levantamento das condições sanitárias dos habitantes da Amazônia, liderou a campanha contra a epidemia de gripe espanhola no Rio de Janeiro e publicou trabalhos de grande valor científico. Em 22 de junho de 1912 recebeu o *Prêmio Schaudinn*, conferido pelo *Tropeninstitut Hamburg*, da Alemanha, pelos seus estudos em protozoologia e microbiologia.

O Presidente da República Wenceslau Braz, em 14 de fevereiro de 1917, nomeou Carlos Chagas como diretor do *Instituto de Manguinhos.* Seguindo o modelo implantado por Oswaldo Cruz, inspirado no *Instituto Pasteur* de Paris, as atividades de pesquisa,

---

[161] *100 Cientistas que mudaram a história do mundo.*

ensino e produção continuaram em larga escala colaborando com o desenvolvimento da saúde pública brasileira. Durante sua gestão recebeu no Instituto personalidades brasileiras e estrangeiras, como Albert Einstein, o Rei Alberto da Bélgica, H. Vaquez, da Faculdade de Medicina da *Université Paris* e Leon Bernard, presidente do Comitê de Saúde da Liga das Nações. Promoveu profícuas relações com pesquisadores e instituições científicas de diversos países, estabelecendo importantes intercâmbios e cooperações.

A gripe espanhola chegou ao Brasil em setembro de 1918, quando foram registrados os primeiros casos, disseminada por marinheiros que prestaram serviço militar em Dakar, na África, e desembarcaram doentes em Recife. Após 20 dias, apareceram outros casos em cidades do Nordeste, em São Paulo e no Rio de Janeiro. Na Capital Federal, a doença fez muitas vítimas, principalmente pela falta de assistência médica. Tal situação levou o Presidente Wenceslau Braz a convidar Carlos Chagas para assumir a campanha de combate à pandemia. Implantou então cinco hospitais de emergência e 27 postos de atendimento em diferentes localidades do Rio de Janeiro. Dois terços da população do Rio de Janeiro contraíram a gripe espanhola, tendo sido registrados quase 15.000 óbitos.

Em São Paulo foram registradas 2.000 mortes. Penteado[162] cita:

> *O mais forte surto epidêmico, de que há memória, na Capital, viria em outubro de 1918, quando a gripe epidêmica, crismada de "espanhola", explodiu de maneira virulenta. Não houve lar que não fosse atingido. Em alguns deles, seus moradores foram encontrados todos mortos. Famílias inteiras pereceram, nessa triste fase da vida paulistana, embora as autoridades*

---

162 *Belenzinho, 1910.*

houvessem mobilizado todos os seus recursos e apelado para todas as instituições e entidades. [...] Viam-se, pelas ruas, a qualquer hora do dia, lúgubres cortejos de carros funerários em plena atividade.

A pandemia de *gripe suína*,[163] que assolou o Brasil em 2009, pode dar uma pequena ideia do que foi a gripe espanhola.

Em quatro de outubro de 1919, Carlos Chagas foi nomeado pelo Presidente da República Epitácio Pessoa, para o cargo de diretor da Diretoria Geral de Saúde Pública que, em janeiro de 1920, se transformou no Departamento Nacional de Saúde Pública, acumulando o cargo com suas funções no Instituto Oswaldo Cruz.

Convidado pela The Rockefeller Foundation, viajou aos Estados Unidos em 1921, onde recebeu o título de Artium Magistrum, Honoris Causa pela Harvard University, tornando-se o primeiro brasileiro a receber a honraria. Outras distinções receberia, ao longo de sua brilhante carreira, em outros países. Em 1925, foi nomeado primeiro Professor Titular da Cátedra de Medicina Legal, da Faculdade de Medicina da Universidade do Rio de Janeiro. Foi indicado ao Prêmio Nobel de Medicina e Fisiologia em 1913, 1920 e 1921.

Em 1930, quando chegou ao Porto do Rio de Janeiro, retornando de uma viagem à Europa, um oficial subiu a bordo e deu-lhe voz de prisão. Pouco antes ocorrera a Revolução que conduziu Getúlio Vargas ao poder. Nascido em Minas Gerais, Carlos Chagas apoiou a Aliança Liberal, formada por políticos de seu estado e de São Paulo, que eram opositores do movimento. Historicamente, o motivo real de sua prisão foi a denúncia de um médico urologista que tinha como sócio um charlatão que propagandeava a cura de doenças como a hanseníase, que não tinha como ser curada naquela época. Como diretor da Saúde Pública, mandou fechar

---

163 Influenza AH1N1.

o consultório. Na primeira oportunidade o homem se vingou, aproveitando suas boas relações com o poder instituído. A prisão durou apenas algumas horas.

Nunca faltou ao trabalho no Instituto Oswaldo Cruz. Faleceu em oito de novembro de 1934, vítima de problemas cardíacos. Carlos Chagas Filho declarou que, poucos dias antes de sua morte, demonstrou manifestar os sintomas da doença que havia descoberto. "Ele sabia que estava contaminado e escondeu". Disse ainda que o intenso ritmo de trabalho e o tabaco poderiam ter contribuído para debilitar a sua saúde. O nosso brilhante médico e pesquisador foi sepultado no Cemitério São João Batista, no Rio Janeiro, em meio a um cortejo que reuniu mais de mil pessoas, entre amigos, admiradores e anônimos.

Figura 39: **Carlos Chagas no seu laboratório em Manguinhos.**
Fonte: <http://pt.wikipedia.org>.

Figura 40: **Recepção ao Rei Alberto da Bélgica no Instituto Oswaldo Cruz, em 27 de setembro de 1920. Em primeiro plano, da esquerda para a direita: Epitácio Pessoa, Presidente da República, Rei Alberto e Carlos Chagas**
Fonte: Revista *Careta*, número 641, de 2 de outubro de 1920.

Figura 41: **Cédula de 10.000 cruzados homenageando Carlos Chagas.**
Casa da Moeda.

Figura 42: **Verso da nota de 10.000 cruzados homenageando Carlos Chagas.**
Casa da Moeda.

Adolpho Lutz

Filho de um nobre casal de origem suíça, Gustav Lutz e Mathilde Oberteuffer, Adolpho Lutz nasceu na cidade do Rio de Janeiro em 18 de dezembro de 1855. Seus pais instalaram-se no Rio de Janeiro no fim de 1849, quando uma epidemia de febre amarela assolava a cidade. Em 1857 o casal retornou à cidade de Berna, na Suíça.

Formou-se em Medicina, na *Universität Bern*, em 1880, defendo tese sobre os efeitos terapêuticos do quebracho.[164] Continuou os estudos em outras cidades da Europa: 1880 em Viena, 1881 em Londres e em Paris, e neste mesmo ano voltou para Berna.

Em 1881 conheceu Pasteur e, após finalizar seus estudos, retornou ao Brasil e revalidou seu diploma na Faculdade de Medicina do Rio de Janeiro. Pretendia se estabelecer em Petrópolis como clínico, mas acabou seguindo para Limeira, interior de São Paulo, onde residia a irmã Helena. Nessa cidade instalou seu consultório,

---

[164] *Schinopsis brasiliensis*. Esta árvore é também conhecida como braúna, baraúna, braúna-parda, braúna-do-sertão, chamacoco e chamucoco. Sua casca é rica em tanino. Utilizada, na época, no tratamento de dispneias.

onde atendeu a população carente entre 1881 e 1885, construindo a reputação de ótimo diagnosticador.

Foi para Hamburgo, em 1885, na Alemanha, onde ficou um ano e sob a orientação do Dr. Paul Gerson Unna, prestigiado dermatologista, estudando a morfologia de germes relacionados com doenças dermatológicas, principalmente a lepra (hanseníase).

Retornou ao Brasil em 1886 e voltou a clinicar, desta vez na cidade de São Paulo. Em 1887 continuou suas pesquisas sobre a hanseníase, passando algum tempo no Hospital de Lázaros no Rio de Janeiro. Em função da sua competência, foi indicado neste mesmo ano pelo Dr. Unna para ir à Ilha de Molokai, trabalhar no leprosário recém-instalado (*Detention Station*) e aplicar sua terapêutica. Foi nomeado *Government Physician for the Study and Treatment of Leprosy*. Em seguida assumiu o cargo de diretor do *Kalihi Hospital*, contribuindo significativamente para a erradicação da doença. Um dos capítulos mais interessantes de sua obra é aquele referente à hanseníase, de que se tornou uma das maiores autoridades no Brasil, e que investigaria até o fim de sua vida. Nesta ilha conheceu Amy Marie Gertrude Fowler, enfermeira inglesa voluntária, com quem se casou em 11 de abril de 1891, na residência de H. M. Schmidt — o chefe da família alemã que o hospedava.

Em janeiro de 1893 voltou ao Brasil, junto com Amy. Desembarcaram no Rio de Janeiro, onde ficaram algumas semanas. Decidiram então mudar para São Paulo, onde haviam melhores oportunidades profissionais para ele. Nessa cidade nasceram os dois filhos do casal: Bertha Maria Júlia e Gualter Adolpho. Em 18 de março do mesmo ano foi nomeado subdiretor do *Instituto Bacteriológico* de São Paulo, uma das repartições do Serviço Sanitário instituído em julho do ano anterior. Foi nomeado diretor interino em outubro de 1893, e efetivado no cargo em 18 de setembro de 1895.

*De 1893 a 1908, dirigiu o Instituto Bacteriológico de
São Paulo, destacando-se como o quadro mais expe-
riente e bem preparado de um grupo ainda restrito de
médicos que constituíram, no Rio de Janeiro e em São
Paulo, a linha de frente da instituição da medicina
pasteuriana.[165] Na capital paulista nasceram os dois
filhos do casal, Bertha Maria Júlia Lutz que viria a ser
naturalista do Museu Nacional, e Gualter Adolpho
Lutz, futuro professor catedrático de medicina legal da
Faculdade Nacional de Medicina.[166]*

Muitas doenças assolavam a cidade, como a varíola, a febre
tífica, a febre tifoide, o cólera, a malária e a tuberculose. Em 1893
uma epidemia de cólera, doença pouco conhecida na época,
mobilizou os pesquisadores e técnicos do Instituto Bacteriológico. Adolpho Lutz, já como diretor desse instituto, utilizou um
método eficiente para a época, no sentido de diagnosticar a doença.
Alguns médicos, mais conservadores, contestavam o diagnóstico
do cólera pelos sintomas (grave disenteria e vômitos). Adolpho
enviou então, para algumas clínicas europeias, amostras de fezes
de algumas pessoas contaminadas e os resultados confirmaram o
seu diagnóstico. Pesquisou e demonstrou também a presença em
São Paulo da disenteria amebiana, da escarlatina e do mosquito
transmissor da malária.

Outro marco importante de sua pesquisa foi a identificação
do mosquito *Stegomya fasciata* (*Aedes aegypti*) como veículo do
vírus causador da febre amarela. Em 1902, juntamente com Emilio
Ribas, serviu de cobaia em uma arriscada experiência que viria a
comprovar o mecanismo da transmissão dessa doença.[167] Adotou
então algumas medidas para erradicá-la, como o uso de vapor de

---

165 Disponível em: http://www.bvsalutz.coc.fiocruz.br.

166 Disponível em: http://www.ccs.saude.gov.br.

167 Vide o capítulo *Emilio Ribas.*

enxofre queimado e pó de píretro,[168] além de exterminar as larvas com o uso de querosene e essência de terebintina nas águas paradas.

Adolpho Lutz introduziu no Brasil a pesquisa sistemática, além de estabelecer os fundamentos da zoologia médica no Brasil com significativos trabalhos nas áreas de entomologia e parasitologia. A sua vida foi caracterizada pela grande operosidade, publicando cerca de 200 trabalhos científicos de ampla diversidade. Oswaldo Cruz percebeu como seriam importantes a capacidade e a experiência de Lutz para o seu instituto e, assim, convidou-o para uma árdua tarefa. Em 1908 deixou o Instituto Bacteriológico e aceitou o convite, ingressando no Instituto Manguinhos onde ficou até o seu falecimento, em seis de outubro de 1940, vítima de pneumonia. A partir de então o Instituto Bacteriológico recebeu o nome de Instituto Adolpho Lutz em sua homenagem. No Instituto de Manguinhos realizou um grande número de pesquisas e publicou trabalhos importantes sobre entomologia médica, protozoologia, micologia, helmintologia e zoologia aplicadas à medicina tropical. Participou de expedições na região do Rio São Francisco, no Nordeste e Sul do país e no Paraguai, pesquisando enfermidades como hanseníase, esquistossomose, tifo, malária e leishmaniose.

Lutz teve colaboradores importantes como Heráclides-César de Souza Araujo e Olympio da Fonseca. O primeiro, cientista de renome internacional, ficou conhecido por suas pesquisas sobre o controle e tratamento da hanseníase e teve um papel de destaque na criação da *The International Leprosy Association*, ocupando o cargo de vice-presidente (1932-1956). Visitou as principais instituições envolvidas no estudo e luta contra a doença, tanto no Brasil quanto no exterior. Faleceu em 1962.

---

168 Inseticida obtido da trituração das flores de algumas plantas pertencentes à família *Compositae*, gênero *Chrysanthemum* (*Pyrethrum*) e espécie *cinerariaefolium*. É um dos mais antigos inseticidas conhecidos pela humanidade.

Olympio Oliveira Ribeiro da Fonseca nasceu em sete de maio de 1895 no Rio de Janeiro. Graduou-se pela Faculdade de Medicina do Rio de Janeiro em 1915. Recebeu o título de Doutor Honoris Causa pela *Université Paris* em 1952. Dirigiu o Instituto Oswaldo Cruz de 1949 a 1953 e foi o primeiro diretor do Instituto Nacional de Pesquisas da Amazônia, entre 1954 e 1955. Faleceu em 19 de abril de 1978.

Figura 43: **Selo comemorativo do centenário de Adolpho Lutz (1955).**
Correio do Brasil.

VITAL BRAZIL

O célebre médico brasileiro, filho de José Manuel dos Santos Pereira Junior e de Maria Carolina Pereira de Magalhães, nasceu em 28 de abril de 1865, na cidade mineira de Campanha, no dia de São Vital. Recebeu então o nome de Vital Brazil Mineiro da Campanha. Após residir nas cidades mineiras de Itajubá, Turvo, Caldas e Guaxupé, a família mudou-se, em 1880, para a cidade de São Paulo, onde Vital trabalhou como condutor de bondes na Companhia de Carris Urbanos e lecionou no Curso Primário do Colégio Morton, frequentando gratuitamente o Curso Secundário.

> *Meu pai colocou-se desde logo como vigilante no Colégio Morton; para mim, porém, as várias tentativas para me colocarem no comércio foram infrutíferas. Foi nesta alternativa que tive de aceitar o lugar de condutor de bondes na Cia. de Carris Urbanos da Capital. Tinha então eu 15 anos (1880). Nesta época havia as seguintes linhas de bonde: a da Consolação, que fazia ponto em frente ao Colégio Morton; a da Luz, que ia até a Ponte Pequena; a do Arouche, que ia até o largo do Arouche;*

a do Braz, que ia até o Marco da Meia Légua. São Paulo nesse tempo era um burgo, cuja população não excedia de 25.000 a 30.000 almas no máximo. Os estudantes de Direito dominavam a cidade; as casas de pensão e as repúblicas de estudantes se estendiam em torno do Largo S. Francisco, onde funcionava ao lado da Igreja de S. Francisco o respectivo convento. As badaladas do sino de S. Francisco chamavam os estudantes para as aulas que funcionavam numa parte do antigo convento.[169]

Em 1884, completou o curso preparatório e buscou matricular-se na Faculdade de Medicina do Rio de Janeiro, o que ocorreria em 1886. Com poucos recursos financeiros, lecionou em um colégio e trabalhou como escrevente de polícia, para custear seu primeiro ano de faculdade. Foi nomeado assistente interno do hospital da Faculdade de Medicina, em 1889. Graduou-se em 9 de janeiro de 1892, defendendo a tese: Funções do Baço. Em 15 de outubro do mesmo ano, casou-se com sua prima Maria da Conceição Philipina de Magalhães.

Após a formatura retornou a São Paulo, onde se engajou integralmente nas reformas dos Serviços de Saúde Pública que ocorriam. Como inspetor sanitário esteve à frente de combate às diversas epidemias que eclodiam no Brasil, tendo lutado no interior do Estado de São Paulo contra a febre amarela, a cólera, a varíola e a peste bubônica.[170]

Conforme o próprio Dr. Vital Brazil:

---

[169] *Notas autobiográficas de Vital Brazil.* Colaboração de Érico Vital Brazil.

[170] Depoimento de Érico Vital Brazil.

> *[...] Recém-diplomado, procurei a terra paulista para dar início à vida profissional, tendo a grande ventura de entrar em contato com o grande estadista Cezário Motta, reformador dos Serviços de Saúde Pública e da Instrução do Estado de São Paulo. Servindo sob as suas ordens tive a oportunidade de percorrer o Estado de São Paulo em várias direções, ao serviço da Saúde Pública, no combate à Febre amarela, ao Cólera morbus, à Difteria e Varíola. Com ele muito aprendi no que diz respeito à dedicação à causa pública, dele recebendo a mais benéfica influência.[...]*

Em 1895 fixou residência no interior de São Paulo, em Botucatu. Neste período, em todo o país, em decorrência dos desmatamentos, aumentava significativamente o número de óbitos por acidentes com serpentes. A morte por envenenamento de uma menina camponesa em suas mãos representou a gota d'água para Vital Brazil abraçar, definitivamente, a causa do ofidismo. Montou um rústico laboratório em sua residência e começou a pesquisar sistematicamente soluções para tão grave problema da Medicina. Ainda em Botucatu, chegou-lhe as mãos os trabalhos do médico francês Albert Calmette[171] que havia produzido, em 1894, um antídoto para o veneno das cobras najas. A partir destas leituras, Vital começou a orientar seus estudos para a soroterapia recém-formulada, alcançando poucos anos depois a sua maior descoberta, a especificidade dos soros. Em 1897 retornou a São Paulo, sendo nomeado médico auxiliar do Instituto Bacteriológico dirigido por Adolpho Lutz. Aprofundando e dando continuidade às suas pesquisas, Vital desenvolveu, a partir de 1898, o soro antiofídico específico para as cascavéis e jararacas, espécies que mais causavam mortes no Brasil. Com esse soro, fornecido em maior escala

---

171 Bacteriologista francês nascido em Nice, famoso como criador de um *soro antiofídico* e por ser um dos descobridores da vacina *BCG*.

a partir de 1901, pelo Instituto Butantan, as mortes pelas picadas destas serpentes reduziram-se em mais de 50 por cento no país.

Calmette assim se referia à Vital Brazil:

> *A obra científica de Vital Brazil é absolutamente de primeira ordem. Os seus trabalhos sobre venenos e sobre as soroterapias antivenenosas salvam milhares de existências. Sinto-me particularmente feliz ao associar-me à homenagem que vos proponde lhe prestar e o Instituto Pasteur de Paris unanimemente partilha os sentimentos de alta estima e admiração que me ligam ao nosso ilustre colega e amigo.*[172]

Em 1899, surgiu no porto de Santos uma atemorizante epidemia, e primeiramente as suspeitas recaíram sobre a febre amarela. Durante este ano, Vital Brazil foi a Santos diversas vezes para diagnosticar e organizar as devidas ações sanitárias contra as diferentes doenças que aportavam com os navios. No início de outubro constatou as temidas culturas positivas do microrganismo da peste. Adolfo Lutz, Emilio Ribas e Oswaldo Cruz, contra as expectativas do poder público e imprensa local, confirmaram o veredicto de Vital, que acabou por contrair a doença em pleno combate. Este episódio deu origem a dois dos maiores institutos de pesquisa do país, Butantan e Manguinhos.

No mesmo ano, foi montado um laboratório para produzir soro antipestoso na afastada Fazenda Butantan, em São Paulo, que posteriormente se transformaria no Instituto Butantan. Ali Vital Brazil passou então a se dedicar, também, ainda mais, à causa ofídica, iniciando a produção dos soros antipestosos e antipeçonhentos específicos, demonstrando a sua eficácia.

Vital Brazil correspondia-se periodicamente com algumas das maiores autoridades científicas do seu tempo, assim como

---

[172] Colaboração de Érico Vital Brazil.

mantinha fortes laços de amizade e colaboração com os cientistas brasileiros. Oswaldo Cruz foi um deles, conforme cita Sucena Sharada Resk,[173] e em uma dessas cartas, datada de 20 de novembro de 1899, escreveu:

> *Como já deves saber, o Governo adquiriu a fazenda do Butantan, destinando-a para o Instituto Serumtherapico do Estado. Soube pelo Ribas, que vistes e apreciastes muito aquele local para instalação do Instituto, o que muito agradou-me pela autoridade de tua opinião.*
>
> *Como vai o teu Instituto? Conta-me as tuas esperanças e auxilia-me com os teus sábios conselhos. Peço-te, com o maior empenho, que com a possível brevidade, me mandes a relação completa dos aparelhos, pequenos objetos e todo o material necessário para a instalação de um Instituto Serumtherapico...*

Em 23 de fevereiro de 1901, Vital Brazil foi oficialmente nomeado Diretor da instituição que vinha erguendo desde dezembro de 1899, o Instituto Butantan, por Decreto de Rodrigues Alves, a época Presidente do Estado de São Paulo. Na sua administração, até 1919, este instituto tornou-se conhecido no mundo inteiro pelos trabalhos diferenciais que desenvolvia pioneiramente em diferentes áreas das ciências médicas e no aspecto social, sobretudo, pela campanha contra o ofidismo, pela produção de soros e pelos seus serpentários. Rui Barbosa assim se expressou quando da sua visita ao instituto em 6 de abril de 1914:

> *É com sincero entusiasmo que exprimo a minha admiração para com esta casa, pelo que dela sei e acabo de ver. Felizes de nós, se a cultura geral do país e o progresso brasileiro estivessem na altura desta esplêndida*

---

173 *Combate às Pragas Urbanas.*

instituição, honra do sábio que a dirige, dos homens de ciência que nela brilham, do povo que dela se desvanece e do governo que lhe tem compreendido o valor.[174]

Uma das primeiras repercussões do trabalho de Vital Brazil ocorreu no *V Congresso de Medicina e Cirurgia*, realizado no Rio de Janeiro em 1903. Por indicação deste Congresso, o Governo Federal concedeu-lhe um prêmio e o Governo do Estado de São Paulo concedeu-lhe uma bolsa para viagem de estudos à Europa, com a duração de um ano.

Em 1911 publicou o livro *A Defesa contra o Ophidismo*,[175] em português e em francês simultaneamente. Dado o grande alcance da obra, foi reeditado em versão ampliada em 1914, somente em francês. Este livro mostra a grande experiência de Vital Brazil no trato com esses problemas, explicitando dados sobre a anatomia, fisiologia e sistemática dos ofídios brasileiros e, mais especificamente, sobre a técnica de preparo e dosagem dos soros antipeçonhentos, além das provas clínicas e estatísticas de sua eficiência.

Em poucos anos, mesmo que experimentando precariedades de todas as ordens, o Instituto Butantan alcançou reconhecimento internacional. No entanto, somente em 1914 foi inaugurado seu prédio principal, com as condições necessárias para abrigar os laboratórios, em torno dos quais cresceu uma instituição que desde a sua origem cumpriu sua vocação para a pesquisa, a educação e a produção de benefícios na área da saúde. Em sua edição de 4 de maio de 1914, ao registrar a inauguração do edifício sede do instituto, o Jornal *O Estado de São Paulo* noticiava:

> *Nestes tempos tristes da vida nacional, conforta o coração patriota saber que, na penumbra de um*

---

174 Colaboração de Érico Vital Brazil.

175 Obra relançada em 2011 pelo Instituto Butantan.

modesto laboratório, um homem chamou para sua terra a atenção do mundo científico e conquistou lugar proeminente entre os beneméritos da humanidade.

Em fins de 1915, Vital Brazil representou o país no *Congresso Científico Pan-Americano* em Washington, EUA, no qual apresentou os trabalhos desenvolvidos no Instituto Butantan. Nesta viagem visitou algumas das principais instituições científicas americanas que estavam à época se consolidando. Em Nova York, enquanto aguardava o navio que o traria de volta ao Brasil, foi chamado às pressas para atender um funcionário do zoológico do Bronx que havia sido picado por uma serpente há mais de 72 horas. O paciente estava em estado comatoso e corria risco eminente de morte, pois os médicos não haviam obtido nenhum resultado com os tratamentos e soros até então aplicados. Vital ministrou-lhe algumas ampolas do soro antiofídico que produzia no Brasil. Após doze horas, o funcionário do zoológico já estava fora de perigo. O fato tornou-se manchete em vários jornais, inclusive no *The New York Times*, e teve repercussão mundial.

O diretor do Zoológico enviou uma carta de agradecimento à Vital Brazil, a qual apresentamos traduzida:

New York, 19/02/1916

Dr. Vital Brazil,
Caro doutor:

Apenas algumas linhas, para comunicar-lhe que nosso paciente John Toomey está bem melhor. A inchação do seu braço diminui dia a dia. A descoloração, se bem que ainda presente, está se tornando mais leve. As feridas na mão em um ou dois lugares apresentam pequena ulceração, mas não parece ser nenhuma infecção secundária. Temperatura, pulso e condições gerais, excelentes.

Certamente que nós estamos muito gratos pela oportuna e eficiente ajuda que nos prestou com seu excelente soro.

Espero ter novamente o prazer de vê-lo quando visitar o zôo. A qualquer momento lhe darei mais notícias.

Novamente agradecendo sua cortesia, aqui fica respeitosamente,

Gilbert J. Van der Missen

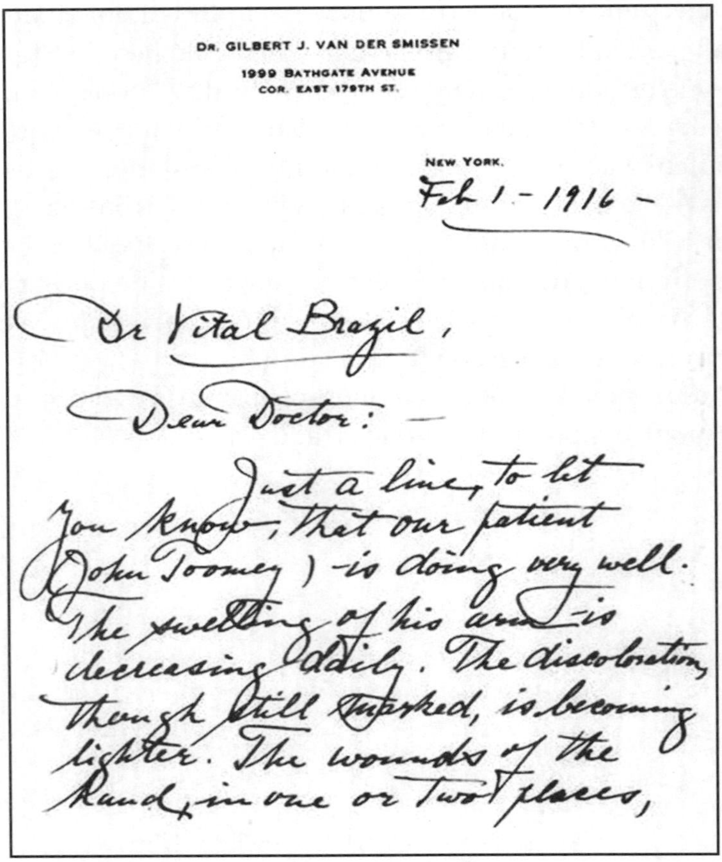

DR. GILBERT J. VAN DER SMISSEN
1999 BATHGATE AVENUE
COR. EAST 179TH ST.

NEW YORK.
Feb 1 - 1916 -

Dr Vital Brazil,

Dear Doctor: —

Just a line, to let you know, that our patient (John Toomey) - is doing very well. The swelling of his arm - is decreasing daily. The discoloration, though still marked, is becoming lighter. The wounds of the hand, in one or two places,

Figura 44: **Cópia da primeira página da carta de Gilbert J. Van der Missen a Vital Brazil.**

Fonte: <http://www.museuvitalbrazil.org.br>.

Por não concordar com as interferências no Instituto Butantan por parte do secretário de saúde que havia substituído Emilio Ribas dois anos antes, se retirou, em 1919, da instituição que criara e dirigira por vinte anos. Foi convidado por Carlos Chagas para trabalhar em Manguinhos, porém, decidiu fundar um novo instituto, pois pensava que o Brasil necessitava de mais instituições científicas para o desenvolvimento de estudos, de pesquisas e da produção nacional para solucionar os graves problemas da saúde pública. Com alguns dos cientistas que havia formado no Instituto Butantan, entre eles, Dorival de Camargo Penteado e Arlindo de Assis, criou, em 03 de junho de 1919, o Instituto Vital Brazil em Niterói, no Rio de Janeiro, que se notabilizou pelas pesquisas, pelas ações socioeducativas e pela produção de produtos veterinários, biológicos e farmacêuticos.

Em setembro de 1924, a convite do Governo de São Paulo retornou à direção do Instituto Butantan. Em pouco mais de três anos reergueu e ampliou as atividades do instituto, se afastando em definitivo de sua direção em 1927. Retornou a Niterói e reassumiu o Instituto Vital Brazil. Atualmente, esta instituição atende a todo o setor público, com a produção de medicamentos, produtos biológicos quimioterápicos e imunobiológicos de uso humano, realizando importantes pesquisas nestas áreas. Na sede do instituto, a Rua Maestro José Botelho, 64 – Vital Brazil – Niterói – Rio de Janeiro está instalada a *Casa de Vital Brazil.*

Viúvo desde 1913, casou-se novamente em 1º de setembro de 1920 com Dinah Carneiro Vianna. A partir de 1927, após seu último período em São Paulo, viveu mais vinte e três anos entre Niterói e o Rio de Janeiro, onde faleceu aos 85 anos de idade, no dia 8 de maio de 1950, vítima de complicações renais. Deixou 18 filhos; nove com Maria da Conceição e nove da união com Dinah.

Figura 45: **Vital Brazil em 1892.**
Fonte: <http://www.museuvitalbrazil.org.br>.

Figura 46: **Cartão-Postal. Vital Brazil, junto com seu assistente, extraindo veneno de cobra.**
Fonte: <http://www.museuvitalbrazil.org.br>.

Figura 47: **Vital Brazil segurando várias cobras (1910).**
Fonte: <http://www.museuvitalbrazil.org.br>.

Figura 48: **Cartão-Postal. Lembrança do V Congresso de Medicina e Cirurgia do Rio de Janeiro, em 1903. Victor Godinho, Theodoro Baima, Alfredo Brito (Presidente do Congresso) e Vital Brazil (Tesoureiro).**
Fonte: <http://www.museuvitalbrazil.org.br>.

Figura 49: **Primeira sede do Instituto Vital Brazil em Niterói, 1919.**
Desenho de Augusto Esteves.
Fonte: <http://www.museuvitalbrazil.org.br>.

Figura 50: **Cédula de 10.000 cruzeiros homenageando Vital Brazil.**
Casa da Moeda.

EMILIO RIBAS

Emilio Marcondes Ribas, filho de Candido Marcondes Ribas e Dona Andradina de Machado Ribas, nasceu no dia 11 de abril de 1862, na cidade de Pindamonhangaba no Estado de São Paulo, na fazenda de seu avô materno, Manuel Ribeiro do Amaral. Desde pequeno sonhava em ser médico. O sonho se concretizou em 1887, quando se formou na Faculdade de Medicina do Rio de Janeiro defendendo a tese doutoral *Morte iminente dos Recém-Nascidos: tratamento*.

Após a formatura, retornou a sua terra, onde clinicou por alguns meses. Em 1889 casou-se com Maria Carolina Bulcão, nascendo da união cinco filhos. Começaram a vida de casados em Santa Rita do Passa Quatro, interior de São Paulo, onde ele continuou a clinicar. Em seguida teve a concessão dos serviços médicos da futura Estrada de Ferro São Paulo-Rio Grande e mudou-se para Tatuí, também no Estado de São Paulo. Tinha fortes ideologias políticas e fundou um clube republicano para fazer frente ao Império decadente. Em 11 de setembro de 1895, foi nomeado, pelo governo paulista, inspetor sanitário e participou no combate a várias epidemias que assolavam algumas cidades paulistas. Nessa época a saúde pública era para ele uma obsessão e havia verificado que as condições de saneamento eram precárias. Certa ocasião disse ao Dr. Antônio Dino da Costa Bueno, secretário do interior: "a situação sanitária de São Paulo, mais do que assustadora e perigosa, está vergonhosa. O povo está exposto a perigos tão graves que chego mesmo a pressentir uma catástrofe se não tomarmos providências com muita urgência". O secretário levou a sério as palavras de Emilio Ribas e passou a se interessar pelas atividades que ele desenvolvia. Brandão[176] cita que no dia 17 de novembro de 1896, em papel timbrado do Governo de São Paulo, Emilio Ribas recebia palavras muito amáveis do secretário do interior:

> *Ilmo. Sr. Dr. Emilio Ribas,*
>
> *Minhas saudações:*
>
> *Tenho lido os seus relatórios e observado que os serviços da Comissão Sanitária, a seu cargo, tem despertado as simpatias da cidade de Campinas, que, assim, ficará preservada de qualquer enfermidade, por isso espero que, sempre animado da melhor vontade, continuará a trilhar o caminho até aqui encetado, esforçando-se para bem corresponder à expectativa pública. Queira, portanto, aceitar, com seus dignos companheiros de comissão, os agradecimentos que lhe dirijo em virtude do cargo que exerço, assim como a manifestação do meu regozijo individual por ver a comissão tão bem dirigida por um distinto conterrâneo.*
>
> *Sempre ao dispor, com estima e consideração,*
>
> Dino Bueno.

---

176 *Os homens que mudaram a humanidade*: Emilio Ribas.

Nessa função participou da higienização de Jaú e Campinas, orientando a canalização de córregos e a remoção do lixo das ruas. Entre 1892 e 1896, elaborou o modelo administrativo a ser seguido pelo Serviço Sanitário do Estado de São Paulo, criado em 28 de outubro de 1891, em substituição à Inspetoria de Higiene da Província. O sucesso das suas ações conduziu-o à direção dessa instituição, em 1898, cargo que ocupou por quase 20 anos. Combateu o surto de febre amarela, exterminando seis mil viveiros de mosquitos *Aedes aegypti*, conhecido na época como *Stegomyia fasciata*.

Foi por sua iniciativa que o governo paulista adquiriu a fazenda Butantan, onde se instalou o instituto com o mesmo nome. Em 1904, reduziu a febre amarela a apenas dois casos no Estado de São Paulo.

Outro problema grave de saúde pública que mereceu a atenção de Emilio Ribas foi a hanseníase. Em 1913 foi comissionado pelo Governo de São Paulo para estudar a questão dessa doença. Dedicou-se intensamente às melhorias das condições de tratamento dos leprosos. Em várias publicações orientou cientificamente, de acordo com as mais modernas aquisições, as diretrizes para a solução da doença. Considerava uma falta de humanidade o isolamento dos portadores, por isso construiu um asilo nas proximidades da cidade de São Paulo, que visitava três vezes por semana. Lutou contra os preconceitos da época e conseguiu a instalação dos leprosários com os enfermos próximos dos seus familiares e dos centros de pesquisa, ao contrário do isolamento pretendido pelas autoridades.

Durante a sua administração foram completamente debeladas as periódicas epidemias de varíola no Estado de São Paulo, graças à disseminação interna da vacina. Estudou e pesquisou intensamente a forma epidêmica paravariólica conhecida popularmente como *alastrim*, apresentando os resultados em alguns centros científicos, onde foram bem aceitos.

Todos os assuntos sanitários eram abordados por Emilio Ribas. Criou frentes de combate a tuberculose, difteria, paludismo, tracoma e outras doenças. Além do Instituto Butantan, fundou também a Seção de Proteção à Primeira Infância, a Inspetoria Sanitária Escolar, o Serviço de Profilaxia e Tratamento do Tracoma. Reorganizou o Serviço Sanitário, o Desinfectório Central, o Hospital de Isolamento, o Laboratório de Análises Químicas e Bromatológicas e o Laboratório Farmacêutico.

A febre amarela era praticamente desconhecida dos brasileiros e, segundo alguns pesquisadores, chegou a nossa terra pelo mar, quando um navio norte-americano, proveniente de Nova Orleans, chamado *Brasil*, ancorou a 30 de setembro de 1849 em Salvador, trazendo um infectado a bordo. O primeiro caso ocorrido na Bahia foi o visitador da saúde do porto José Lourenço Sobral. A epidemia começou a se alastrar, mas somente em 19 de janeiro de 1850 a sua existência foi admitida pelas autoridades.

A doença manifestava-se em três estágios. Conforme Nava:[177]

> *O tratamento do primeiro período, chamado de "período inflamatório" ou "congestivo", era feito pelas sangrias gerais à lanceta ou por intermédio de emissões obtidas pela aplicação de sanguessugas na mastoide e de ventosas sarjadas na raque. Ao lado disso, eram aplicados diaforéticos,[178] antitérmicos, diuréticos, purgativos – numa polifarmácia e numa politerapia onde entravam a pilocarpina, o acetato de amônio, o calomelano, o acônito, á água de louro-cereja, os pedilúvicos,[179] os banhos de vapor e o salicilato de sódio.*
>
> *No segundo período dava-se a quinina. E dava-se obrigatoriamente, segundo os do Barão de Petrópolis, que qualificava a segunda fase da moléstia como sendo o que ele chamava o "período da quinina". Só no último*

---

177 *Capítulos da História da Medicina do Brasil.*

178 Que provocam a transpiração (nota do autor).

179 Escalda-pés (nota do autor).

> quartel do século XIX começou a grita contra esse medicamento, acusado de facilitar as hemorragias do terceiro período.
>
> Este, dito o período "hemorrágico" ou "atáxico-adinâmico", só conhecia a medicação sintomática: poções antieméticas, os revulsivos[180] epigástricos, as bebidas ácidas geladas, o gelo, as poções hemostáticas à base de percloreto de ferro; os calmantes e os sedativos para o delírio; e os estimulantes para as grandes adinamias.

A etiologia da doença não era conhecida, pois o nosso mosquito transmissor, como foi descoberto mais adiante, não causava malefícios, porque estava livre de contaminação, só adquirida picando pessoas que já estavam doentes. Sem eles o mosquito *Stegomya fasciata* fica tão inofensivo como o mosquito comum. O médico mexicano, Dr. Carmona, em 1885, inoculou a doença em seres humanos e os resultados desses experimentos levaram Charles Finlay a escrever o trabalho *Yellow Fever: its transmition by means Culex Mosquito*,[181] publicado no *The American Journal of the Medical Sciences*, em 1886, na Filadélfia.

Ribas estudou os trabalhos sobre a febre amarela em Cuba dos pesquisadores Walter Reed e Charles Juan Finlay e mostrou aos médicos brasileiros que em nosso país a doença era combatida de forma errada. Finlay era considerado um "velho maluco", pois desde 1881 vinha dizendo que a febre amarela não era um vírus comum e que o contágio de pessoa doente para pessoa sã era um verdadeiro absurdo. Apontava para a hipótese da transmissibilidade por meio da inoculação de seu agente por um transmissor.

---

[180] Revulsão = Irritação local provocada por medicamento específico com o fim de fazer cessar um estado congestivo ou inflamatório existente em outra parte do corpo. (nota do autor).

[181] O gênero *Culex* engloba mais de 300 espécies, e a maioria habita as regiões tropicais e subtropicais do mundo. No Brasil, é bastante conhecido como pernilongo.

Emilio Ribas publicou, em 1901, o trabalho *O mosquito considerado como agente de propagação da febre amarela*, que encontrou forte oposição de médicos importantes de São Paulo. Begliomin[182] cita que:

> *Em 1902, Emílio Ribas trabalhou em São Simão, no Estado de São Paulo, para deter a terceira epidemia de febre amarela. Só saiu da cidade quando conseguiu com uma equipe de médicos e voluntários acabar com a grave epidemia, mandando limpar o rio que corta o município, e tomando medidas para melhorar o saneamento básico na cidade que, ao chegar, descreveu de forma pouco lisonjeira: "530 prédios, mal construídos; 90% sem assoalho ou forro, e com péssimo saneamento básico" – o que era verdade.*

Walter Reed fazia parte da Comissão Sanitária norte-americana em Cuba, juntamente com Aristides Agramonte, Jesse Lazear[183] e James Carrol. Essa comissão, fundamentada nas observações epidemiológicas de Finlay, efetuou a inoculação experimental de seres humanos, por meio da picada de mosquitos infectados. No entanto, esses experimentos deixaram a desejar, pela não observação da conduta metodológica dos trabalhos.

Emilio Ribas, em São Paulo, e Oswaldo Cruz, no Rio de Janeiro, eram ridicularizados quando afirmavam que a doença era transmitida por um mosquito, algo que as pesquisas cubanas já haviam apontado, mesmo com alguns questionamentos. Os navios estrangeiros recusavam-se a atracar no Porto de Santos, um grande foco da doença. Diversos surtos surgiram, também, no interior de São Paulo.

---

182 *Emilio Marcondes Ribas.*

183 Foi voluntário, sendo picado pelos mosquitos, e faleceu vítima da doença.

Médicos consagrados afirmavam, fundamentados nas teorias médicas francesas, que a febre amarela era causada por miasmas.[184] Um dos que mais criticou a teoria de Emilio Ribas foi Luiz Pereira Barreto (1840-1923). Ferreira[185] cita sobre Pereira Barreto: "Para ele o mosquito constitui um fator importante, mas, somente e exclusivamente, salientou, porque provém de água contaminada". O mesmo autor cita uma frase de Emilio Ribas, em conversa com seu assistente Victor Godinho, sobre Artur Mendonça:

> *Fulminou-nos outro dia, lembrou Emilio Ribas. Guardei até o recorte do jornal. Ouça, amigo, este pedacinho de ouro, que me diz diretamente respeito: O mosquito traz nas suas asas o ridículo para a classe médica. Se formos esperar que tais criaturas morram ou se convençam, teremos a solução para o fim do século XX. Estamos, no entanto, em face de um problema urgente. Nos últimos oito anos tivemos, no Estado, mais de 10 mil mortes devidas à febre amarela. Morte demais numa terra que precisa de braços para a fazer produzir.*

Emilio Ribas e Adolpho Lutz decidiram fazer um experimento de alto risco: seriam picados por mosquitos contaminados, repetindo assim as experiências cubanas com maiores cuidados. Para esse projeto, Ribas obteve a autorização de Bernardino de Campos Alves, Presidente do Estado de São Paulo, muito a contragosto, pois este era um velho amigo de Ribas e se preocupava com a sua saúde e dos voluntários.

O primeiro experimento ocorreu em nove de janeiro de 1903 e o local escolhido foi o Hospital de Isolamento, dirigido pelo Dr. Cândido Espinheira, e para o controle científico do processo

---

184 Ao pé da letra significa "emanações dos pântanos". A teoria miasmática considerava que algumas doenças endêmicas, como cólera, peste negra e outras, eram causadas por um miasma (poluição, do grego antigo), uma emanação fétida originada de matéria putrefata.

185 *Emilio Ribas: o vencedor da peste.*

foi escolhida uma comissão médica constituída pelos doutores Pereira Barreto, Antonio Gomes Silva Rodrigues, Adriano Julio de Barros, Cândido Espinheira, Vitor Godinho e Carlos Meyer. O local foi devidamente limpo e todas as precauções exigidas para o experimento foram tomadas.

Adolpho Lutz, naquela época, procurava pacientes gravemente enfermos de febre amarela e não tendo encontrado "nenhum caso interessante" no Rio de Janeiro para contaminar seus mosquitos viajou até São Simão, município paulista situado a 51 quilômetros de Ribeirão Preto onde havia uma epidemia de febre amarela. Em uma carta a Emílio Ribas dizia: "Ainda tenho bastante Stegomyas de reserva. Somente fui obrigado a alimentá-los com o meu sangue sadio... Alguns conservo sem alimentar. Mas sempre morrem alguns".

Em outra de suas cartas, datada de 30 de agosto de 1902, para Emilio Ribas, Lutz dizia:

> *O tempo ultimamente tem sido sempre fresco, os mosquitos são raríssimos e não encontrei uma só* Stegomya. *Principiou um tempo de chuva que provavelmente deve durar alguns dias. Aqui não se pode fazer nada de útil e seria mais fácil voltar para aqui quando aparecerem os primeiros casos da nova estação que são esperados mais ou menos um mês desta data.*

Em janeiro de 1903 voltou contente a São Paulo com seus mosquitos contaminados, pois os soltara famintos em cima de um doente grave que havia sido picado em 24 de dezembro de 1902. Esses mosquitos foram mantidos à base de mel e tâmaras secas por mais de 12 dias, prazo mínimo para se tornarem infectantes.

Além de Emilio Ribas e Adolpho Lutz, mais dois voluntários estavam presentes: Domingo Pereira Vaz, um paranaense de 22 anos e Oscar Marques Moreira, um carioca de 38. Ribas deu preferência a estes dois voluntários por serem originários de estados diferentes, logo, acostumados a climas diferentes e, por conseguinte, dotados de defesas orgânicas diferentes. Brandão[186] cita que, como o experimento era de alto risco, os voluntários assinaram a seguinte declaração:

> *Declaro que me sujeito, espontaneamente, a prestar-me à experiência sobre a febre amarela, deixando-me picar por mosquitos que tenham sugado sangue dessa moléstia, não obstante os perigos a que me exponho e que, detalhadamente, me foram descritos pelo Sr. Dr. Diretor do Serviço Sanitário (Emilio Ribas), tendo o Sr. Diretor me referido o fato de haverem falecido em Cuba diversos indivíduos que se sujeitaram a essa experiência, pelo que vou firmemente sujeitar-me a essa experimentação, no interesse de contribuir para a solução de um problema que interessa grandemente à humanidade, e, especialmente, ao Brasil, e com o qual se preocupam atualmente os homens de ciência.*

Adolpho Lutz havia trazido um frasco, coberto com gaze, onde havia um pequeno enxame de mosquitos já citados. Os insetos foram soltos no ar e picaram várias vezes os quatro voluntários. Segundo dados fornecidos pela doutora Bertha Maria Julia Lutz, de protocolos originais em seu poder,[187] no quarto dia após as picadas Domingo Pereira Vaz apresentou febre, indisposição, calafrios e vômitos. Os doutores Cândido Espinheira, Victor Godinho deram o diagnóstico de febre amarela. Foi feito o teste da claridade (abrir repentinamente as janelas) e o doente reagiu prontamente. A fotofobia é uma característica da febre amarela, declarou Pereira Barreto. Constatou também a congestão cutânea do doente, outra característica do mal. Receitou uma poção de magnésia fluídica

---

186 *Os homens que mudaram a humanidade*: Emilio Ribas.

187 J. Thales Martins. *A Biologia no Brasil.*

com tintura de noz vômica e, para as dores, fricção de salicilato de metila. Marques Moreira, Ribas e Lutz não apresentaram os sintomas.

Para Ribas as respostas não eram definitivas e o experimento foi repetido, em 20 de janeiro de 1903, com outros voluntários: André Ramos, um mulato de 40 anos, e Januário Fiori, um italiano de 22 anos. De praxe, assinaram as declarações e a experiência seguiu o mesmo rigor da anterior. A comissão foi acrescida de Adolpho Lutz. No terceiro dia, Fiori apresentou os sintomas clássicos muito fortes, gemendo e reclamando de dores fortes. Saiu ileso após receber a medicação adequada.

Emilio Ribas e Adolpho Lutz não apresentaram os sintomas, nos dois experimentos, provavelmente por imunidade prévia. Nas duas sessões foi também efetuado o controle laboratorial dos voluntários. Antunes *et al.*[188] citam que o laudo da análise de urina dos enfermos[189] foi assinada por Henrique Schaumann,[190] então dirigente da tradicional *Botica Ao Veado d'Ouro*.

Todos os detalhes das inoculações e do quadro clínico desenvolvido nos voluntários foram registrados em atas lavradas pela comissão médica chefiada pelo Dr. Luiz Pereira Barreto, Presidente do Senado do Estado, lente honorário da Escola Politécnica de São Paulo, primeiro presidente da Sociedade de Medicina e Cirurgia do Estado de São Paulo, autor de importantes trabalhos sobre medicina, filosofia, política e religião. Tinha, portanto, autoridade científica e intelectual para legitimar os resultados.

Estava completada a primeira fase do experimento. Na segunda etapa, os imigrantes italianos Malagutti Giuseppe, Ângelo Paroletti e Sinischaldi Giovanni foram remunerados com três contos de réis, uma quantia excelente para a época, para ficarem isolados de

---

188 *Instituto Adolfo Lutz: 100 anos do Laboratório de Saúde Pública.*

189 Para detectar a presença de albumina, comum na fase aguda da doença.

190 Formou-se em Farmácia na *Universität Hamburg*, Alemanha. Em 1876, já graduado farmacêutico, estudou química, ciências naturais e física na *Georg-August-Universität Göttingen*, doutorando-se em 1879.

20 até 30 de abril utilizando roupas, toalhas, lenços e lençóis que haviam sido usados por doentes na fase aguda da doença. Ao fim dos dez dias a comissão, ao examiná-los, concluiu que estavam em prefeitas condições de saúde. Nesta segunda etapa, nem Emílio Ribas nem Adolfo Lutz participaram como voluntários, pois era evidente que a transmissão da febre amarela tinha como vetor o mosquito. Ferreira[191] cita:

> Pereira Barreto concluía no seu relatório, que se tornou famoso: "Se a febre amarela não é contagiosa, se a sua transmissão pelos objetos que estiveram em contato com os doentes é completamente impossível, torna-se evidente que o sistema de polícia sanitária empregado até agora deverá ser radicalmente modificado. É dirigindo com insistência os mais enérgicos meios de ação, seja diretamente, contra o Stegomia fasciata, que se conseguirá erradicar de São Paulo a mancha negra que macula o nosso Estado, o desonra e ameaça de entravar a sua evolução econômica".

Lemos[192] cita que o relatório final dizia também:

> Qualquer que seja o germe dessa moléstia, esse germe perde a faculdade germinativa todas as vezes que não encontra as condições favoráveis do seu meio natural. As experiências dos norte-americanos em Havana e as nossas aqui feitas no Hospital de Isolamento demonstram que só no organismo do mosquito encontra o germe amarílico as condições necessárias para a sua evolução.

---

191 *Emilio Ribas: o vencedor da peste.*
192 *Contribuição à história do Instituto Bacteriológico 1892-1940.*

Ribas comprovou, então, que não havia contágio direto, sendo inútil a manutenção dos doentes no *Hospital de Isolamento*. Os resultados dos experimentos foram imediatamente divulgados em congressos, jornais e revistas médicas. As boas notícias sobre o experimento deixaram Oswaldo Cruz eufórico e solicitou a Emilio Ribas a sua legislação sanitária. Cruz aplicou os resultados da pesquisa paulista no Rio de Janeiro, porém, como vimos anteriormente, ali as medidas de extermínio do mosquito não foram bem aceitas pela população.

Nesse período houve a atuação da missão francesa no Brasil, que esteve no Rio de Janeiro de novembro de 1901 até 1905, instituída pela proposta do Ministro das Colônias e dirigida pelo Instituto Pasteur. Esses médicos franceses, convidados por Oswaldo Cruz e que desenvolveram trabalho no Hospital São Sebastião, estiveram em Maguinhos e atestaram a eficácia dos trabalhos que tiveram início com Emilio Ribas e Adolpho Lutz.

De 16 de junho a 2 de julho de 1903, ocorreu no Rio de Janeiro o V Congresso Brasileiro de Medicina e Cirurgia, onde os experimentos de Ribas e Lutz foram debatidos, *além das nuances que distinguiam o posicionamento daqueles que advogavam a existência de outros insetos vetores, do posicionamento dos que aceitavam, sem ser de forma exclusivista, a teoria da transmissão da febre amarela pelos mosquitos.*[193] Durante o evento, Carlos Meyer apresentou o relatório sobre os experimentos realizados no Hospital de Isolamento de São Paulo, e Arthur Palmeira Ripper fez a leitura do relatório sobre a Memória elaborada por Emilio Ribas.

A leitura dos relatórios provocou debates acalorados que tomaram conta das sessões, criando impasse. Boa parte dos presentes, inclusive Oswaldo Cruz que era favorável à votação como forma de decisão sobre os resultados das conclusões apresentadas pelos trabalhos de Ribas, exigiu uma tomada de posição daquele

---

193 Benchimol. *Adolpho Lutz:* um esboço biográfico.

congresso, mesmo que outros médicos fizessem constar em ata sua discordância com aquele procedimento.[194] Almeida[195] cita que:

> *Na plenária do dia 28 de junho, presidida por Oswaldo Cruz, foi aprovada por votação a sessão especial proposta por Ismael da Rocha, aberta em 1º de julho, sob a presidência de Souza Lima e Miguel Couto, havendo nova leitura das conclusões de Ribas, as quais tiveram votação favorável com algumas alterações: o congresso aprovou que a teoria da transmissão da febre amarela pelo* Stegomyia fasciata *era fundada em observações e experiências de acordo com os métodos científicos e que nenhum outro modo de transmissão estava demonstrado rigorosamente.*

A ausência de Emilio Ribas no congresso pode evidenciar uma forma de defesa contra os contundentes ataques que sofria, principalmente de São Paulo e Rio de Janeiro. Mesmo ausente, manteve-se atualizado com todas as ocorrências referentes à repercussão de seu trabalho no congresso.

Almeida[196] nos diz que, após ter assistido à "impressionante" conferência de Vital Brazil sobre ofidismo, "um verdadeiro sucesso", e sob a ação favorável da leitura feita dos trabalhos de Ribas sobre febre amarela, Antônio Ramos, médico clínico de São Paulo, escreveu-lhe, em 28 de junho de 1903, entusiasmado com a repercussão dos trabalhos lidos, hipotecando-lhe seu apoio e relatando que, a propósito da votação, tinha havido:[197]

---

194 *Idem.*

195 *Combates sanitários e embates científicos*: Emílio Ribas e a febre amarela em São Paulo.

196 *Idem.*

197 Acervo do Museu de Saúde Publica Emilio Ribas.

[...] grande discussão e divergência de opiniões, dizendo alguns que questões de ciência se verificam, se aceitam, como devem ser aceitas as de São Paulo pelo seu cunho prático, mas não se votam...

O que é certo é que funda impressão deixaram nos congressistas ainda incrédulos quanto à transmissibilidade da febre amarela pelo Stegomyia fasciata, os trabalhos tão criteriosamente iniciados e dirigidos pela Diretoria do Serviço Sanitário de São Paulo, constantes do bem elaborado Relatório ou Memória que apresentastes. Esses trabalhos salvaram a situação do V Congresso Brasileiro de Medicina e Cirurgia, pois que, até então, eram de menos importância e de pouca novidade científica as Memórias apresentadas e comunicações feitas.

Fazendo parte do corpo clínico de São Paulo e tendo também, em sessão anterior, feito ao congresso uma comunicação, apoiando a nova teoria, que, sob tão bons auspícios se inicia, não posso deixar de sentir convosco as suaves emoções que soem despertar a conquista de uma verdade científica pela qual nobre e humanitariamente nos batemos.

Arthur Palmeira Ripper, que fez a leitura da Memória de Emilio Ribas, enviou-lhe um telegrama, datado de 20 de julho de 1903, dando conta que o congresso votou moção de louvor a todos os trabalhos do Serviço Sanitário de São Paulo.[198]

Almeida[199] cita um depoimento de Emilio Ribas sobre os experimentos:

---

[198] Acervo do Museu de Saúde Pública Emilio Ribas.

[199] *Combates sanitários e embates científicos*: Emílio Ribas e a febre amarela em São Paulo.

[...] entendi que eu próprio, que promovia as experiências, me achava na obrigação moral de ser o primeiro a prestar-me a elas; devendo correr os mesmos riscos de vida que os meus companheiros da humanitária cruzada. Deixei-me, pois, picar em primeiro lugar na presença da distinta comissão médica que acompanhou as experiências, por diversos mosquitos que tinham sugado, havia 12 dias, o sangue de um doente de febre amarela em São Simão, antes do quarto dia da moléstia.

Não podia e não devia ter outro procedimento, porque as inoculações experimentais punham em iminente perigo a vida dos nossos semelhantes.

No caso da desgraça pessoal, eu teria, para atenuar a ousada iniciativa, a lealdade do meu ato.

Lutz seguiu pelos mesmos motivos o meu exemplo.

Em 1908 Emilio Ribas recebeu a incumbência do Governo do Estado de São Paulo para viajar aos Estados Unidos e a vários países da Europa, para estudar a profilaxia da tuberculose. Em 19 de fevereiro de 1909 fez uma conferência sobre a experiência brasileira de erradicação da febre amarela, *The Extinction of Yellow Fever in the State of São Paulo (Brazil) and in the City of Rio de Janeiro*, em reunião da *Society of Tropical Medicine and Hygiene*,[200] convidado por Patrick Manson, presidente da instituição.

No retorno, em 1909, em contato com eminentes estudiosos da doença, em especial Clemente Ferreira e Victor Godinho, recomendou o clima de Campos do Jordão para o tratamento da tuberculose. Empenharam-se então na construção da Estrada de Ferro Campos do Jordão (também conhecida como "Estradinha"), interligando todo o Vale do Paraíba, a capital de São Paulo, a cidade do Rio de Janeiro e outras localidades à Vila de Campos do Jordão, com a

---

200 A partir de 1920 passou a denominar-se *Royal Society of Tropical Medicine and Hygiene*.

finalidade de facilitar a locomoção e o transporte dos enfermos portadores da tuberculose e outros problemas respiratórios.

A partir de 1913 passou a se dedicar ao acompanhamento de estudos clínicos e métodos terapêuticos utilizados no tratamento da hanseníane, publicando diversos trabalhos sobre o assunto, e combateu o isolamento dos acometidos da doença em "ilhas". Em 1915 apresentou o trabalho *Eradication of Yellow Fever from the State of São Paulo*, no Segundo Congresso Científico Pan--Americano, em Washington. Aposentou-se do serviço público em 11 de abril de 1917. Quando da sua aposentadoria, o deputado do Congresso do Estado de São Paulo, Dr. Cesário Travassos, preparou um projeto para apresentar ao Congresso concedendo-lhe um prêmio de 200 contos de réis e aposentadoria com vencimentos totais. Quando Ribas soube do projeto, intimou o amigo Travassos a retirar imediatamente o projeto do Congresso.

O atual Instituto de Infectologia Emilio Ribas (IER), que recebeu esta denominação em 25 de junho de 1991, é uma instituição que atende aos modernos e exigentes padrões de saúde internacionais, sendo o mais importante instituto de infectologia da América Latina. Para chegar ao atual estágio de excelência, 130 anos se passaram desde a inauguração do Lazareto dos Variolosos da Imperial da Cidade de São Paulo, hospital destinado ao socorro dos contaminados pela varíola ou *bexiga*, como era popularmente conhecida a enfermidade.

O Presidente da Câmara da Cidade de São Paulo, Antonio da Silva Prado, apresentou, em 1878, uma proposta para criação do estabelecimento:

> *Sendo de reconhecida utilidade municipal o estabelecimento de um lazareto nesta Capital para os indivíduos atacados da varíola, que periodicamente faz consideráveis estragos na população da Cidade e Município, e não podendo os cofres municipais suportar os gastos necessários para essa obra, proponho que a Câmara*

nomeie uma comissão para promover uma subscrição entre os habitantes da Cidade para esse fim, devendo a Câmara no seu futuro orçamento consignar uma quota de cinco contos de réis para o mesmo fim. Proponho mais para fazerem parte da Comissão os senhores vereadores presentes e que representem à Assembleia Provincial pedindo auxílio de dez contos de réis para a construção do Lazareto.[201]

Aprovada a proposta, a Comissão escolheu para a construção um terreno na região da Estrada de Pinheiros, atual Avenida Rebouças. Próximo dali havia o primeiro cemitério público da capital paulista, construído e inaugurado em 1858, em situação emergencial, para receber os corpos das pessoas falecidas em surtos de varíola.[202] As doações da população e do Barão de Três Rios, além de alguns leilões beneficentes, viabilizaram a construção do hospital que começou a funcionar em oito de janeiro de 1880.

As epidemias de febre amarela exigiam a construção imediata de um hospital de isolamento, construído nas proximidades do Lazareto dos Variolosos. Antunes *et al.*[203] citam:

Com relação ao Hospital de Isolamento, sua necessidade fazia-se sentir não apenas para a assistência médica aos enfermos, mas também para a proteção das pessoas sadias, através da realização de quarentenas preventivas e do isolamento de indivíduos portadores de moléstias contagiosas. Justificando a instalação de um hospital de isolamento, partilhava-se, à época, a convicção de que internar os doentes e a quarentena

---

[201] Atas da Câmara da Cidade de São Paulo, 1875. Divisão do Arquivo Histórico da Prefeitura Municipal de São Paulo, Sessão Extraordinária, 03/02/1878.

[202] Cemitério Municipal, depois denominado Cemitério da Consolação.

[203] *Instituto Adolfo Lutz: 100 anos do Laboratório de Saúde Pública.*

*dos contagiantes seriam os principais recursos contra
a disseminação de diversas enfermidades, cujo caráter
transmissível há muito era reconhecido.*

As obras foram dirigidas por Theodoro Sampaio, futuro Diretor e Engenheiro Chefe do Saneamento do Estado de São Paulo. Com três pavilhões construídos, o Hospital de Isolamento começou a funcionar provisoriamente, entre janeiro e agosto de 1884, recebendo 25 pacientes. Em fevereiro de 1894, o governo paulista adquiriu uma grande área na Freguesia da Consolação, ampliando consideravelmente o terreno do Hospital de Isolamento, incluindo o Lazareto dos Variolosos. No fim do século XIX, o hospital tornou-se permanente e contava com um corpo estável de funcionários.

Com o passar do tempo, novos pavilhões foram sendo construídos para atender a demanda populacional de uma cidade que começava a crescer. Cytrynowicz *et al.*[204] citam que "no início do século XX, o Hospital de Isolamento estava inserido em uma estrutura de saúde pública e política sanitária que havia se institucionalizado havia pouco".

O novo prédio do Hospital de Isolamento Emilio Ribas entrou em funcionamento em 1967, ampliando e melhorando substancialmente o seu atendimento. Uma leitura mais profunda sobre o assunto pode ser encontrada na importante obra Do Lazareto dos Variolosos ao Instituto de Infectologia Emilio Ribas, de autoria de Monica Musatti Cytrynowicz, Roney Cytrynowicz e Ananda Stücker, publicado pela Editora Narrativa Um, em 2010.

Em 1922, Emilio Ribas fez a sua última conferência sobre febre amarela no Centro Acadêmico da Faculdade de Medicina de São Paulo. Como importante registro histórico transcrevemos, com a ortografia da época, um trecho dessa memorável conferência:[205]

---

204 *Do Lazareto dos Variolosos ao Instituto de Infectologia Emilio Ribas.*

205 *Manual de Vigilância Epidemiológica de Febre Amarela.*

> *Quando de todos os lados só vemos preparativos de festa, montes de flores e hymnos de alegria para solennisar a tomada de posse da mais bella das conquistas do homem, confrangese-nos[206] deveras o coração quando nos saem pela frente moços de rosto carregado promptos a soltar a nota dissonante a despedaçar toda a synphonia do acto festivo. Nas minhas veias de velho sinto que corre um sangue muito vigoroso, desde que a questão da febre amarella deu um passo decisivo. Desapareceu a mancha negra do fundo do quadro: o Brasil já é outro. "Nem malária nem febre amarella!" Não mais separações intempestivas, não mais tanta viuvez, tantos orphans, tantas lágrimas! Em quanto importa a descoberta do papel transmissor do anopheles e do stegomya.[207]*

Emilio Ribas faleceu em 19 de dezembro de 1925 em São Paulo.

Figura 51: **Emilio Ribas.**
Fonte: <http://pt.wikipedia.org>.

---

[206] Confranger significa constranger, angustiar (nota do autor).
[207] *Aedes aegypti* (nota do autor).

Figura 52: **Entrada do Hospital de Isolamento no fim do século XIX.**
Fonte: *Impressões do Brazil no Século Vinte*, editado e impresso na Inglaterra por Lloyd's Greater Britain Publishing Company, Ltd., 1913.

MANUEL DIAS DE ABREU E A ABREUGRAFIA

Manuel Dias de Abreu, filho de Júlio Antunes de Abreu e Mercedes da Rocha Dias, naturais do Minho em Portugal, nasceu em quatro de janeiro de 1894 na cidade de Sorocaba, no Estado de São Paulo. Até o ano de 1908, viveu entre o Brasil e Portugal. Aos 15 anos matriculou-se na Faculdade de Medicina do Rio de Janeiro. Formou-se em 23 de dezembro de 1913, defendendo a tese doutoral *Natureza Pobre*, que versava sobre a influência do clima tropical sobre a civilização.

Em seguida, viajou para Portugal, juntamente com os pais e os irmãos. Em 1915 mudaram-se para Paris, onde frequentou o serviço de *Anatole Marie Émile Chauffard* (1855-1932) no *Hôpital Saint Antoine*, e trabalhou no *Nouvel Hôpital de la Pitié*, com o professor Gaston Lion, ficando encarregado de fotografar peças cirúrgicas. Nessa época desenvolveu um dispositivo para fotografar a mucosa gástrica.

Em 1916 passou a frequentar o serviço do *Hôtel-Dieu*, o hospital mais antigo de Paris, chefiado por Nicolas Augustin Gilbert

(1858-1927). Ali ficou fascinado pela emergente especialidade, criada em 1895 pelo cientista alemão Wilhelm Conrad Röentgen (1845-1923). Bedrikow[208] cita uma experiência de Manuel de Abreu com o diagnóstico radiológico de tuberculose em um paciente, cujo exame clínico, realizado por Gilbert, não havia mostrado nada de anormal:

> *Depois de examiná-lo, exaustivamente, conforme as normas de propedêutica clínica, através da percussão e da auscultação, disse, descansando sobre a mesa o estetoscópio, em tom categórico: – Não há nada de anormal no tórax. Não se trata, certamente, de uma afecção pulmonar, ou pleural. Mas... Você, de Abreu, vai levá-lo ao laboratório de Radiologia... A chapa confirmará o exame clínico... Feita a chapa, Abreu levou-a ainda molhada e presa aos grampos com os quais deveria voltar à solução fixadora, a seu mestre... Tomando a chapa nas mãos, Gilbert suspendeu-a em face da janela, para examiná-la por transparência... Não pôde esconder mais do que a sua surpresa, o seu espanto, ante o quadro que se lhe deparava aos olhos, de uma tuberculose avançada, complicada de piopneumotórax... aquela contradição entre o achado clínico e o achado radiológico era resultante da transição que experimentavam os conhecimentos médicos na ocasião... a radiologia ensaiava seus primeiros passos... para ele, Abreu, aquela contradição chocante, entre a estetacústica e a radiologia, teve uma grande significação.*

Entre 1917 e 1918 foi assistente do professor Maingot, chefe de radiologia do *Hôpital Laennec*, quando se aperfeiçoou na radiologia pulmonar e desenvolveu a densimetria, que é a análise das tonalidades e sombras pulmonares reveladas pela radiografia e

---

208 Manoel de Abreu. *Revista de Pneumologia*, v. 27, n. 1, jan./fev. 2001.

sua mensuração e expressão em graus. A publicação do trabalho *Densimetria Pulmonar* foi determinante para a sua admissão na Academia de Medicina de Paris. Neste mesmo hospital observou, pela primeira vez, na fotografia do *écran* fluorescente, o meio de realizar o exame do tórax, em larga escala e a baixo custo, para detectar a tuberculose pulmonar.

Manuel de Abreu preocupava-se com o alto índice de óbitos por tuberculose. Os processos convencionais de diagnóstico precoce da doença eram muito dispendiosos e a população, principalmente a carente, não tinha acesso a eles. Retornou ao Brasil, em 1922, e encontrou a cidade do Rio de Janeiro assolada por uma epidemia de tuberculose. Assumiu a chefia do Departamento de Raios X da Inspetoria de Profilaxia da Tuberculose no Rio de Janeiro. Nesta época intensificou suas pesquisas de radiografias do tórax, mas os resultados eram desanimadores, em função da tecnologia incipiente. Em 1924 realizou nova tentativa de obter a fotografia do *écran*, porém, sem sucesso. Por sua influência e de José Plácido Barbosa da Silva, foi instalado no Departamento de Raios X da Inspetoria de Profilaxia da Tuberculose o primeiro Serviço de Radiologia na cidade do Rio de Janeiro, com um dispensário destinado ao diagnóstico da doença.

Em sete de setembro de 1929, Manuel de Abreu casou-se com Dulcie Evers. Em julho de 1936 apresentou seu invento, denominado de rontgenfotografia ou fluorografia, à Sociedade de Medicina e Cirurgia do Rio de Janeiro. Conforme Tiner: [209]

> *A radiografia convencional é o resultado da impressão direta dos feixes de raios X sobre o filme radiológico. Na fluorografia obtém-se uma fotografia da imagem que aparece na radioscopia, sendo possível gerar um grande número de fotografias sucessivas. A leitura dos filmes revelados é feita em aparelhos específicos*

---

[209] *100 cientistas que mudaram a história do mundo.*

*que ampliam a imagem de forma a facilitar a interpre-
tação. Desta forma, o custo do processo de diagnóstico
seria reduzido, permitindo a sua aplicação a todas as
camadas da população.*

Em maio de 1936, os técnicos da Casa Lohner, empresa tradicional do ramo médico hospitalar e odontológico, subsidiária
e representante da Siemens, foram responsáveis pelo lançamento
do revolucionário aparelho de fluorotografia instalado no Hospital
Alemão, no Rio de Janeiro.

Manuel Dias de Abreu lecionou Radiologia em algumas instituições científicas do Brasil e exterior e foi membro de importantes
organizações médicas mundiais. Foi o primeiro presidente, em
1930, da Sociedade Brasileira de Radiologia e Eletrologia. Recebeu diversas condecorações e prêmios no Brasil, Europa e Estados
Unidos. Faleceu em decorrência de um câncer de pulmão, no Rio
de Janeiro, em 30 de janeiro de 1962 e foi sepultado na cidade de
São Paulo.

O dia 4 de janeiro, dia do nascimento de Manoel Dias de
Abreu, foi instituído como o dia nacional da abreugrafia em sua
homenagem.

A SAÚDE BRASILEIRA RETRATADA NOS ENVELOPES DE PRIMEIRO DIA (FDC) E FOLHINHAS FILATÉLICAS

A presentamos alguns envelopes de primeiro dia de circulação (FDC) e folhinhas filatélicas comemorativas, homenageando médicos, congressos e instituições médicas do Brasil.

> *FDC é a sigla de First Day Cover, que em Português quer dizer: Envelope de Primeiro Dia. Quando um selo é emitido, no primeiro dia do seu lançamento é feito um envelope especial, já ilustrado e com legendas sobre o assunto do selo e nesse envelope é fixado o selo sobre o qual é aposto o carimbo de primeiro dia de circulação. Se para esse selo em questão, foi feito também um carimbo comemorativo, esse carimbo irá sobre o envelope.*
>
> (http://www.portaldoselo.com.br)

A folhinha é uma peça filatélica impressa oficialmente ou particularmente em papelão ou papel grosso, para fins filatélicos, destacando determinado evento.

http://selosdobrasil.forumeiros.com

* * *

Todos os FDCs e Folhinhas Comemorativas apresentadas neste capítulo fazem parte do Acervo da Coleção Filatélica do autor.

* * *

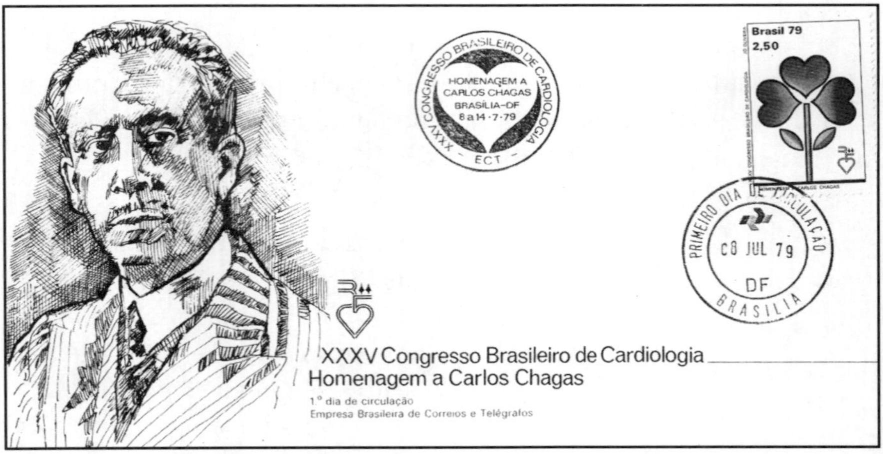

Figura 53: **FDC XXXV Congresso Brasileiro de Cardiologia – Homenagem a Carlos Chagas (1979).**

Empresa Brasileira de Correios e Telégrafos.

Figura 54: **FDC 150 anos de criação da Academia Nacional de Medicina (1979).**
Empresa Brasileira de Correios e Telégrafos.

Figura 55: **FDC Prevenção do Câncer: Fundação
A. C. Camargo – 30 anos (1983).**
Empresa Brasileira de Correios e Telégrafos.

Figura 56: **FDC Centenário da Descoberta do Bacilo de Koch (1982).**
Empresa Brasileira de Correios e Telégrafos.

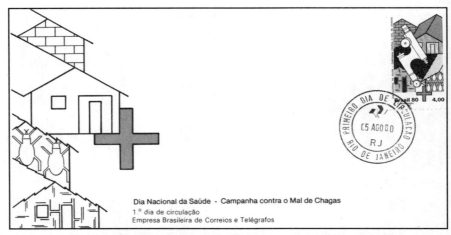

Figura 57: **FDC Dia Nacional da Saúde. Campanha contra o Mal de Chagas (1980) – Primeira versão.**
Empresa Brasileira de Correios e Telégrafos.

Figura 58: **FDC Dia Nacional da Saúde. Campanha contra o Mal de Chagas (1980) – Segunda versão.**
Empresa Brasileira de Correios e Telégrafos.

Figura 59: **FDC Cinquentenário da descoberta e identificação do *Schistosoma mansoni* pelo Dr. Pirajá da Silva (1958).**
Departamento de Correios e Telégrafos.

Figura 60: **FDC Dra. Rita Lobato – Primeira médica do Brasil (1967).**
Departamento dos Correios e Telégrafos.

Figura 61: **FDC A Terra e o Homem – Dr. Oswaldo Cruz (1972).**
Departamento dos Correios e Telégrafos.

Figura 62: **FDC Luta contra a Hipertensão (1978).**
Empresa Brasileira de Correios e Telégrafos.

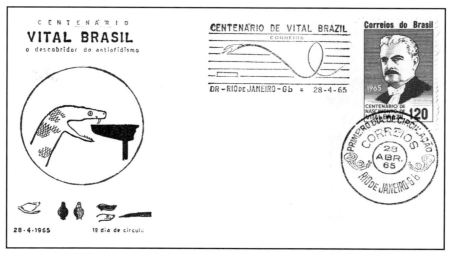

Figura 63: **FDC Centenário Vital Brazil – O descobridor do antiofidismo (1965).**
Departamento de Correios e Telégrafos.

Figura 64: **FDC Centenário de Nascimento de Orlando Rangel – Pioneiro da Indústria Farmacêutica no Brasil (1968).**
Empresa Brasileira de Correios e Telégrafos.

Figura 65: **FDC XXXV Congresso Brasileiro de Cardiologia – Homenagem a Carlos Ribeiro Justiniano Chagas (1979).**
Empresa Brasileira de Correios e Telégrafos.

Figura 66: **FDC Ano Mundial do Reumatismo (1977).**
Empresa Brasileira de Correios e Telégrafos.

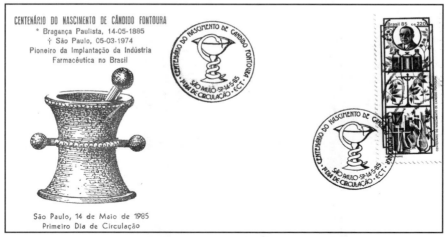

Figura 67: **FDC Centenário do Nascimento de Cândido Fontoura – Pioneiro da Implantação da Indústria Farmacêutica no Brasil (1985).**
Empresa Brasileira de Correios e Telégrafos.

Figura 68: **FDC Dia Nacional do Diabetes (1992).**
Empresa Brasileira de Correios e Telégrafos.

Figura 69: **Folhinha Comemorativa do Centenário de nascimento de Vital Brazil (1965).**
Departamento dos Correios e Telégrafos.

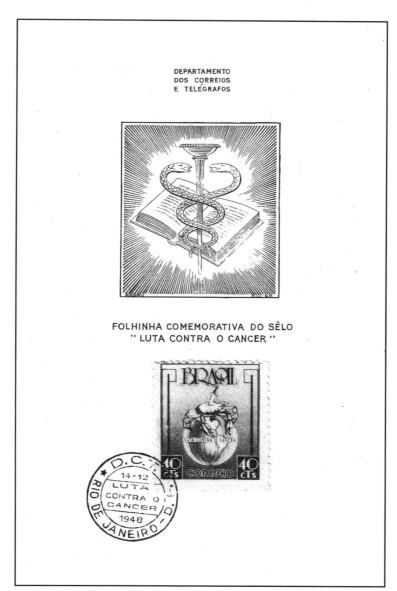

Figura 70: **Folhinha Comemorativa do selo "Luta Contra o Câncer" (1948).**
Departamento dos Correios e Telégrafos.

Figura 71: **Folhinha Comemorativa do IV Congresso Brasileiro de Farmácia (1950).**
Departamento dos Correios e Telégrafos.

Figura 72: **Folhinha Comemorativa do Combate à Lepra (1953).**
Departamento dos Correios e Telégrafos.

Figura 73: **Folhinha Comemorativa do 5º Congresso de Homeopatia (1954).**
Departamento dos Correios e Telégrafos.

Figura 74: **Folhinha Comemorativa do 1º Congresso Brasileiro de Medicina Militar (1954).**
Departamento dos Correios e Telégrafos.

Figura 75: **Folhinha Comemorativa da Primeira Exposição Brasileira de Combate à Tuberculose (1953).**

Departamento dos Correios e Telégrafos.

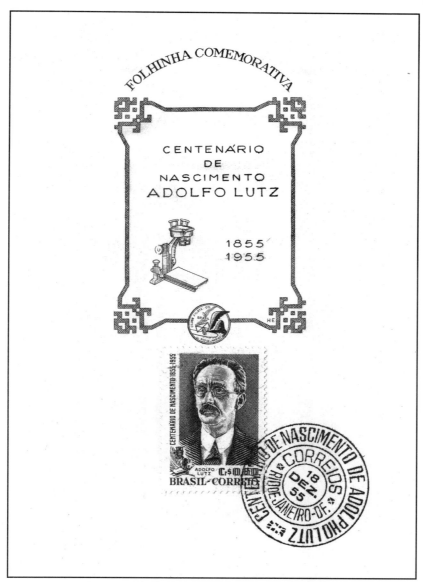

Figura 76: **Folhinha Comemorativa do Centenário de Nascimento de Adolpho Lutz (1955).**
Departamento dos Correios e Telégrafos.

Figura 77: **Folhinha Comemorativa da Cura da Leishmaniose (1962).**
Departamento dos Correios e Telégrafos.

Figura 78: **Folhinha Comemorativa do 390º Aniversário da Santa Casa do Rio de Janeiro (1972).**
Departamento dos Correios e Telégrafos.

Figura 79: **Folhinha Comemorativa do Congresso Brasileiro de Psiquiatria, Neurologia e Medicina Legal (1948).**
Departamento dos Correios e Telégrafos.

Figura 80: **Folhinha Comemorativa do II Congresso Brasileiro de História da Medicina (1953).**

Departamento dos Correios e Telégrafos.

Figura 81: **Folhinha Comemorativa do Terceiro Congresso de Anestesiologia (1956).**
Departamento dos Correios e Telégrafos.

Figura 82: **Folhinha Comemorativa da Propaganda da "Luta contra o Câncer" (1948).**
Departamento dos Correios e Telégrafos.

Figura 83: **Folhinha Comemorativa do VII Congresso Brasileiro de Cirurgia (1961).**
Departamento dos Correios e Telégrafos.

Figura 84: **Folhinha Comemorativa do 4º Centenário da Santa Casa de Misericórdia de Santos (1943).**
Diretoria Regional dos Correios e Telégrafos de São Paulo.

PALAVRAS FINAIS

A o longo de mais de 500 anos os *médicos-heróis* realizaram trabalho de envergadura nos diversos segmentos da medicina brasileira. Em suas especialidades, foram pavimentando o caminho para os seus seguidores que retomaram seus encargos, prosseguindo nas conquistas e, gradativamente, impulsionando o progresso científico médico nacional.

Os médicos são detentores de um dos maiores privilégios: a oportunidade de aliviar o sofrimento humano, por meio do compromisso pessoal com o seu semelhante. Muitas vezes esta profissão é incompreendida pela população, que nem sempre tem entendimento suficiente para perceber as suas limitações, como ser humano, e as péssimas condições de trabalho proporcionadas por um sistema de saúde público anacrônico e gastador, dirigido por pessoas insensíveis aos anseios do povo sofrido.

Estes profissionais são verdadeiros heróis da nação assolada pelos velhos problemas da saúde pública. Convivemos com uma medicina brasileira de ponta, acessível apenas àqueles que podem pagar um excelente plano de saúde, enquanto a maioria da população pena e geme nos postos de saúde ou é vítima de convênios que impõem sérias restrições às ações médicas, muitas vezes obrigando o profissional a efetuar consultas de quinze minutos. Estes médicos dedicados e com forte senso de humanidade que, mesmo sem os recursos necessários, se desdobram para dar um atendimento adequado aos mais carentes, continuam sendo médicos e heróis.

Para os leitores e leitoras que desejarem conhecer *in profundis* a História da Medicina no Brasil, apresentamos a seguir uma ampla bibliografia e sitografia.

ANEXOS

Figura 85: **Inserção do nome do Dr. Vital Brazil no Livro do Mérito – Palácio da Presidência da República – 19 de novembro de 1942.**
Fonte: Acervo de Érico Vital Brazil.

Figura 86: **Diploma conferido ao Instituto Serumtherapico de Butantan pela premiação com a medalha de prata na Exposição Universal de Saint Louis – 1904.**
Fonte: Acervo de Érico Vital Brazil.

Figura 87: **Diploma conferido ao Instituto Serumtherapico Butantan pela premiação com a medalha de ouro na Exposição Internacional de Higiene. Rio de Janeiro, 1909.**
Fonte: Acervo de Érico Vital Brazil.

Figura 88: **Cartão de visita do Dr. Vital Brazil.**
Fonte: Museu Vital Brazil.

Figura 89: **Fotografia tirada no Instituto Bacteriológico em 1898.**
Da esquerda para a direita: Bonilha de Toledo, Vital Brazil e Arthur Mendonça.
Fonte: Museu Vital Brazil.

Figura 90: **Santa Casa da Misericórdia do Rio de Janeiro.**
Quadro de Marc Ferrez, 1880.
Fonte: http://pt.wikipedia.org.

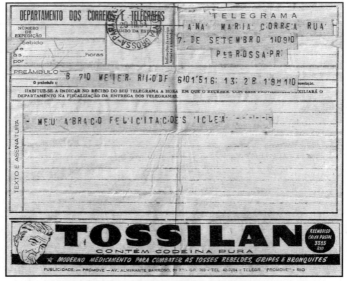

Figura 91: **Curioso telegrama, de 1954, ilustrado com propaganda do Xarope Tossilan para a tosse rebelde, bronquite, gripe. Percebe-se uma indicação de que o medicamento em questão continha codeína pura**[210]
Departamento dos Correios e Telégrafos.
Fonte: Acervo do autor.

---

210 A codeína é um fármaco alcaloide do grupo dos opioides, utilizado no tratamento da dor moderada e como antitússico.

Figura 92: **Propaganda tradicional do Xarope São João do início do século XX, produto do Laboratório Alvim & Freitas.**

Esta propaganda foi veiculada em bondes, ônibus, jornais e revistas até a década de 1960.

Figura 93: **Cartão da Colleção do Xarope Roche ao Thiocol**[211].
Fonte: Acervo do autor.

---

211 Guaicol sulfonato de potássio.

Figura 94: **Propaganda do Xarope Roche ao Thiocol.**
Fonte: Revista *O Malho* (1922).

O Xarope "Roche" de Thiocol
MEDICAMENTO PULMONAR POR EXCELLENCIA

O **Xarope "Roche"** *de* **Thiocol** faz cada dia curas maravilhosas e é empregado pelos médicos do mundo inteiro. As notaveis communicações à *Academia de Medicina de Paris*, à *Academia de Sciencias de Paris*, à *Sociedade Therapêutica* e à *Sociedade de Medicina de Paris*, assim como as numerosas *Sociedades scientificas extrangeiras*, teem demonstrado a indiscutivel efficacia de esta preparação. O **Xarope "Roche"** *de* **Thiocol** está universalmente admittido para curar os *resfriados*, as *bronchites*, a *asthma*, as *laryngites*, as *congestões pulmonares*, a *pleuriz*, a *influenza* e para evitar as complicações graves de estas doenças, comprehendida a *tuberculosis*.

O **Xarope "Roche"** *de* **Thiocol** é vinte vezes mais activo que todas outras preparações conhecidas, sendo sempre aceitado pelos doentes, mesmo as creanças, mercê ao seu agradavel gosto.

Baixo a influencia do **Xarope "Roche"** *de* **Thiocol** a tosse attenua-se, os esputos desaparecem, a febre cahe e as forças e o peso do corpo augmentão.

O **Xarope "Roche"** *de* **Thiocol** é o *medicamento pulmonar por excellencia*.

Para completar o tratamento, é bom tomar no dia o **Peitoral "Roche"** *de* **Thiocol**, agradavel doce com gosto de laranja que permette ao doente estar sempre baixo a influencia do medicamento. E recommendado principalmente para as creanças.

Fabricantes:
F. HOFFMANN-LA ROCHE & Cⁱᵃ
7, Rue de Saint-Claude — PARIS
Vende-se em todas as boas pharmacias e drogarias

Figura 95: **Verso do Cartão da Colleção do Xarope Roche ao Thiocol.**
Fonte: Acervo do autor.

Figura 96: **Propaganda do tradicional Xarope de Rhum Creosotado.**
Esta era uma das mais famosas propagandas veiculadas nos bondes e foi criada no início do século XX por Bastos Tigre, pioneiro da publicidade brasileira, e fez parte da memória coletiva dos brasileiros.

Veja ilustre passageiro
o belo tipo faceiro
que o senhor tem a seu lado
e no entanto, acredite,
quase morreu de bronquite
salvou-o o Rhum Creosotado!

Extrahido da "REVISTA MEDICA DE S. PAULO"
N. 10 - 31 DE MAIO DE 1909

A extincção da febre amarella no Estado de S. Paulo (Brasil) e na cidade do Rio de Janeiro

PELO

Dr. EMILIO RIBAS
DIRECTOR DO SERVIÇO SANITARIO DE S. PAULO

The extinction of yellow fever in the State of São Paulo (Brasil) and in the city of Rio de Janeiro

BY

EMILIO RIBAS, M. D.
DIRECTOR OF THE SANITARY DEPARTMENT OF SÃO PAULO

SÃO PAULO
TYPOGRAPHIA BRAZIL de ROTHSCHILD & Co.
30 A - RUA 15 DE NOVEMBRO - 30 A
1909

Figura 97: **Capa da conferência apresentada por Emilio Ribas na** *Society of Tropical Medicine and Hygiene*, **em 1909, e publicada na** *Revista Médica de São Paulo*, **n. 10, em 31 de maio do mesmo ano.**

Figura 98: **Dr. Carlos Juan Finlay – O "velho maluco".**
Fonte: http://pt.wikipedia.org.

Figura 99: **Mosquito *Stegomya fasciata*, rebatizado como *Aedes Aegypti* em 1926.**

Figura 100: **Manuel Dias de Abreu.**
Fonte: http://www.acad-ciencias.pt.

Figura 101: **Em sessão presidida pelo Dr. Rivadavia Corrêa e à qual assistiram os doutores Francisco Salles, Pedro de Toledo, Belisario Távora, Carlos Chagas apresentou, em agosto de 1911, as provas práticas da descoberta da "Doença de Chagas", na Academia Nacional de Medicina.**

Fonte: Revista *Careta*, número 167, de 12 de agosto de 1911.

BIBLIOGRAFIA

ALENCASTRO, Luiz Felipe [Org.]. *História da Vida Privada no Brasil.* V. 2. São Paulo: Companhia das Letras, 1977.

ALMEIDA, Marta. *Combates Sanitários e Embates Científicos*: Emílio Ribas e a febre amarela em São Paulo. Hist. Cienc. Saúde-Manguinhos, V. 6 n. 3. Rio de Janeiro, nov. 1999/fev. 2000.

ANTUNES, J. L. F.; NASCIMENTO, C. B.; NASSI, L. C.; PREGNOLATTO, N. P. *Instituto Adolfo Lutz: 100 anos do Laboratório de Saúde Pública.* São Paulo: Letras & Letras, 1992.

AZEVEDO, Fernando. *A Cultura Brasileira.* São Paulo: Melhoramentos/ EDUSP, 1971.

BEDRIKOW, Rubens. Manoel de Abreu. *Revista de Pneumologia*, v. 27, n. 1, jan./fev. 2001.

BENCHIMOL, Jaime Larry. *Adolpho Lutz: um esboço biográfico.* Hist. Cienc. Saúde-Manguinhos. V. 10, n. 1. Rio de Janeiro, jan./abr. 2003.

BERGER, Paulo. *O Rio de Ontem no Cartão-Postal 1900-1930.* Rio de Janeiro: Rio Arte, 1983.

BICHARA, Conrado Ferranti. Resistência na veia. In: Revista *Desvendando a História*, n. 15. São Paulo: Escala Educacional, 2007.

BRANDÃO, José Luis. *Os homens que Mudaram a Humanidade: Emilio Ribas.* São Paulo: Editora Três, 1975.

BRASIL. Ministério da Saúde. Fundação Nacional de Saúde. *Manual de Vigilância Epidemiológica de Febre Amarela.* Brasília, 1999.

CANGUILHEM, Georges. *Ideologia e Racionalidade nas Ciências da Vida.* Viseu (Portugal): Edições 70, 1977.

CAPOZZOLI, Ulisses. Mestre João observa o céu e faz primeiro registro de ciência. In: Revista *História da Ciência no Brasil*: de 1500 a 1920 – Do Cruzeiro do Sul à conquista do ar. São Paulo: Duetto, 2009.

CARVALHO, Joaquim Barradas de. *La Traduction Espagnole du "De Situ Orbis" de Pomponius Mela par Maître Joan Faras*. Lisboa: J.I.U., 1974.

CARVALHO, José Murilo. Abaixo a vacina! In: *Nova História,* n. 13. Rio de Janeiro: Biblioteca Nacional, 2004.

COSTA, Abel Fontoura da. *A Marinharia dos Descobrimentos.* 4ª ed. Lisboa: Edições Culturais da Marinha, 1983.

CRUZ, Oswaldo. *Carta a Emília F. Cruz.* Porto Velho, 25.07.1910 (Fundo Pessoal O. Cruz. DAD-COC).

CYTRYNOWICZ, Monica Musatti; CYTRYNOWICZ, Roney; STUCKER, Ananda. *Do Lazareto dos Variolosos ao Instituto de Infectologia Emilio Ribas.* São Paulo: Narrativa Um, 2010.

DEBRET, Jean Baptiste. *Viagem Pitoresca e Histórica ao Brasil.* São Paulo: EDUSP. Belo Horizonte: Itatiaia, 1989.

FALCÃO, Eduardo Cerqueira. *Gazeta Medica da Bahia.* Tomo I. Julho de 1866 – junho de 1867. São Paulo: Revista dos Tribunais, 1974.

FERREIRA, Barros. *Emilio Ribas: o vencedor da peste.* São Paulo: Melhoramentos, 1967.

FERREIRA, Félix. *A Santa Casa da Misericórdia Fluminense, fundada no século XVI.* Notícia histórica (1894-1898). Rio de Janeiro: Biblioteca Nacional, 1899.

FERREIRA, Luís Gomes. *Erário Mineral.* Organização: Júnia Ferreira Furtado. Belo Horizonte: Fundação João Pinheiro, Centro de Estudos Históricos e Culturais; Rio de Janeiro: Fundação Oswaldo Cruz, 2002.

FERREIRA, Luis Otávio. *Os periódicos médicos e a invenção de uma agenda sanitária para o Brasil (1827-43).* Hist. Cienc. Saúde-Manguinhos. V. 6, n. 2. Rio de Janeiro, jul./out. 1999.

GIFFONI, O. Carneiro. *Excertos da História da Medicina no Brasil.* São Paulo, 1950.

GOMES, Laurentino. *1808.* 2ª ed. São Paulo: Planeta, 2007.

JUNIOR, Lincoln Etchebéhère; LEPISNKI, Thiago Pereira de Sousa; TRUFEM, Sandra Farto Botelho. *O Bispado do Rio de Janeiro sob a óptica do Santuário Mariano*: interpretação da obra de frei Agostinho de Santa Maria. In: *Tempo & Memória*, Revista do Programa Interdisciplinar em Educação, Administração e Comunicação da Universidade São Marcos. São Paulo. Ano 8, n. 12, ago./dez. 2009.

KATINSKY, Julio Roberto. Sistemas Construtivos Coloniais. In: VARGAS, Milton. *História da Técnica e da Tecnologia no Brasil*. São Paulo: UNESP/CEETEPS, 1994.

KEHL, Renato. A esterilização dos grandes degenerados e criminosos. *Archivos Brasileiros de Hygiene Mental*, v. I, n. 2, 1925.

LEMOS, Fernando Cerqueira. Contribuição à história do Instituto Bacteriológico 1892-1940. *Revista do Instituto Adolpho Lutz*, n. especial, 14.11.1954.

LOBO, Francisco Bruno. *O ensino da medicina no Rio de Janeiro*. Rio de Janeiro: Departamento de Imprensa Nacional, 1964.

LOPES, Rita Lobato Velho. *Parallelo entre os methodos preconizados na Operação Cesariana*. Tese para a obtenção do grau de doutora em Medicina. Salvador: Faculdade de Medicina da Bahia. 30.09.1887.

LUCENA, Eleonora de. Mano Adib. In: Revista *Serafina*. São Paulo: Folha de São Paulo, maio de 2011.

MARTINS, J. Thales. A Biologia no Brasil. In: Azevedo, Fernando de. *As ciências no Brasil*. V. 2. Rio de Janeiro: Editora da UFRJ, 1994.

MEDEIROS, Antonio Joaquim. Medicina. In: *O Patriota*. Rio de Janeiro: Impressão Régia, 1813.

MENDONÇA, Amanda; NICOLINI, Gabriel Baptista. *Revista Brasileira de História da Medicina, pioneira da historiografia médica*. Hist. Cienc. Saúde – Manguinhos. V. 14. n. 1. Rio de Janeiro, jan./mar. 2007.

MOTOYAMA, Shozo [Org.]. *Prelúdio para uma história: Ciência e Tecnologia no Brasil*. São Paulo: Edusp/FAPESP, 2004.

NAGAMINI, Marilda. Estradas de ferro e medicina alteram qualidade de vida. In: Revista *História da Ciência no Brasil*: de 1500 a 1920 – Do Cruzeiro do Sul à conquista do ar. São Paulo: Duetto, 2009.

NASCIMENTO, Alfredo. *O centenário da Academia Nacional de Medicina do Rio de Janeiro, 1829-1929; primórdios e evolução da medicina no Brasil*. Rio de Janeiro: Imprensa Nacional, 1929.

NAVA, Pedro. *Capítulos da História da Medicina no Brasil*. Cotia: Ateliê Editorial; Londrina: Eduel; São Paulo: Oficina do Livro Rubens Borba de Moraes, 2003.

OLIVEIRA, José Carlos de. Chegada da corte abre as portas para a ciência. In: Revista *História da Ciência no Brasil*: de 1500 a 1920 – Do Cruzeiro do Sul à conquista do ar. São Paulo: Duetto, 2009.

PACHECO, Alberto. Os cemitérios e o ambiente. In: TRINDADE, Diamantino Fernandes & TRINDADE, Lais dos Santos Pinto. *O meio ambiente e a sociedade contemporânea*. São Paulo: Suprema Cultura, 2011.

PENTEADO, Jacob. *Belenzinho, 1910*. 2ª ed. São Paulo: Narrativa Um, 2003.

PEREIRA, Paulo Roberto. *Os três únicos testemunhos do descobrimento do Brasil*. Rio de Janeiro: Lacerda Editores, 1999.

PRIORE, Mary Del [Org.]. *História das Mulheres no Brasil*. São Paulo: Contexto, 2006.

RAEDERS, Georges. *Dom Pedro II e os sábios franceses*. Rio de Janeiro: Atlântica, 1944.

RIBAS, Emilio. *Archivos de Hygiene e Saúde Pública*. v. 1, n. 1, p. 7-12. São Paulo: 1936.

REIS, João José. O cotidiano da morte no Brasil oitocentista. In: ALENCASTRO, Luiz Felipe [Org.]. *História da Vida Privada no Brasil*. V. 2. São Paulo: Companhia das Letras, 1997.

RESK, Sucena Shkrada. *Combate às Pragas Urbanas*. In: Revista *Leituras da História*. Edição 16. São Paulo: Escala, 2009.

ROCHE. *A mulher e a medicina*. In: *Notas Científicas Roche*. Ano X, n. X. Rio de Janeiro, 1950.

RODRIGUES, Diogo. Desinfetando o Brasil. In: Revista *Desvendando a História*, n. 15. São Paulo, Escala Educacional, 2007.

RUGENDAS, J. M. *Viagem Pitoresca Através do Brasil*. São Paulo: Livraria Martins, 1940.

SALLES, Pedro. *História da Medicina no Brasil*. Belo Horizonte: G. Holman, 1971.

SANTOS, Adailton Ferreira dos. *A Faculdade de Medicina Bahia*: percurso e reforma do ensino no século XIX. VIII Seminário Nacional de Estudos e Pesquisas História, Sociedade e Educação. Campinas: UNICAMP, 2009.

SANTOS FILHO, Lycurgo de Castro. A Medicina no Brasil. In: FERRI, Mário Guimarães & Motoyama, Shozo. *História das Ciências no Brasil*. São Paulo: EPU/EDUSP, 1979.

_____. *História Geral da Medicina Brasileira*. São Paulo: Hucitec/Editora da Universidade de São Paulo, 1991.

_____. *Pequena História da Medicina Brasileira*. São Paulo: Buriti & EDUSP, 1966.

SCLIAR, Moacyr. *A Saúde Pública no Rio de Dom João* (Prefácio). Textos de Manoel Vieira da Silva e Domingos Ribeiro dos Guimarães Peixoto. Rio de Janeiro: SENAC, 2008.

SILVA, Alberto. *A Primeira Médica do Brasil*. Rio de Janeiro: Irmãos Pongetti Editora, 1954.

SODRÉ, N. W. *Formação histórica do Brasil*. 14ª ed. Rio de Janeiro: Grapfia, 2002.

SOUTHEY, Robert. *History of Brazil*. London: Longman, 1810.

SOUZA, Leal. *Dr. Oswaldo Cruz*. Revista *Careta*. n. 153. Rio de Janeiro, 06.05.1911.

SOUZA, Vanderlei Sebastião de. Por uma nação eugênica: higiene, raça e identidade nacional no movimento eugênico brasileiro dos anos 1910 e 1920. *Revista Brasileira de História da Ciência*. Rio de Janeiro, v. 1, n. 2, dez. 2008.

SROUGI, Miguel. *Medicina e Felicidade*. In: Jornal *Folha de São Paulo*, 16 de janeiro de 2011.

STEPAN, Nancy. *A Hora da Eugenia:* raça, gênero e nação na América Latina. Rio de Janeiro: Editora Fiocruz. 2005.

TELLES, Vicente Coelho de Seabra Silva. *Memória sobre os prejuízos causados pelas sepulturas dos cadáveres nos templos*. Lisboa: Off. da Casa Litteraria do Arco do Cego, 1800.

THIELEN, Eduardo Vilela; SANTOS, Ricardo Augusto. *Belisário Penna: notas fotobiográficas*. Hist. Cienc. Saúde – Manguinhos. V. 9, n. 2. Rio de Janeiro, maio/ago. 2002.

TINER, John Hudson. *100 Cientistas que mudaram a história do mundo*. Rio de Janeiro: Prestígio Editorial, 2004.

TRINDADE, Ana Paula Pires; TRINDADE, Diamantino Fernandes. *Leituras Especiais sobre Ciências e Educação*. São Paulo: Ícone, 2009.

TRINDADE, Diamantino Fernandes. Apresentação. In: Rodrigues, Raimundo Nina. *Os africanos no Brasil*. São Paulo: Madras, 2008.

_____; TRINDADE, Lais dos Santos Pinto. *Os caminhos da ciência brasileira: os sanitaristas*. In: Revista Sinergia (CEFET-SP), São Paulo, V. 6, n. 1, p. 20-26, 2006.

VALENTIM, Carlos Manuel. *Mestre João Faras – Um Sefardita ao Serviço de D. Manuel I*. In: Cadernos de Estudos Sefarditas, n. 1, 2000.

VIANNA, Sampaio. *Saúde Pública*. In: *Impressões do Brazil no Século Vinte*. Londres: Lloyd's Greater Britain Publishing Company, Ltd., 1913.

SITOGRAFIA

A CARTA DE MESTRE JOÃO FARAS. Ministério da Cultura – Fundação Biblioteca Nacional.
Disponível em: <http://www.culturatura.com.br>. Acesso em: 28.12.2010.

A REVOLTA DA VACINA. Patrícia Melo e Souza.
Disponível em: <http://bndigital.bn.br>. Acesso em: 09.01.2011.

A TRAJETÓRIA DE OSWALDO CRUZ E A SUA LUTA COMO MÉDICO SANITARISTA NO SÉCULO XIX.
Disponível em: <http://www.fiocruz.br>. Acesso em: 06.01.2011.

A "ESCOLA TROPICALISTA" E A FACULDADE DE MEDICINA DA BAHIA. Ronaldo Ribeiro Jacobina, Leandra Chaves e Rodolfo Barros.
Disponível em: <http://www.gmbahia.ufba.br>. Acesso em: 05.01.2011.

BARBEIROS, CIRURGIÕES E MÉDICOS NA MINAS COLONIAL. Júnia Ferreira Furtado.
Disponível em: <http://www.siaapm.cultura.mg.gov.br>. Acesso em: 08.08.2011.

CASABLANCA, CRIADOR DE RATOS E TORRE EIFFEL. Fábio Versano.
Disponível em: <http://historia.abril.com.br>. Acesso em: 06.01.2011.

CHEGADA DA CORTE: HÁBITOS SANITÁRIOS NO BRASIL COLÔNIA. Tamara Prior.
Disponível em: <http://revistadasaguas.pgr.mpf.gov.br>. Acesso em: 28.12.2010.

CORREIA PICANÇO. Virgínia Barbosa. *Correia Picanço*. Pesquisa Escolar On-Line. Fundação Joaquim Nabuco, Recife.
Disponível em: <http://www.fundaj.gov.br>. Acesso em: 18.12.2010.

CRIAÇÃO DO INSTITUTO SOROTERÁPICO.
Disponível em: <http://www.fiocruz.br>. Acesso em: 05.12.2011.

DR. ADIB JATENE.
Disponível em: <http://www.nossosaopaulo.com.br>. Acesso em 27.12.2010.

EMILIO MARCONDES RIBAS. Helio Begliomini.
Disponível em: <http://www.academiamedicinasaopaulo.org.br>. Acesso em: 19.04.2011.

EMILIO MARCONDES RIBAS. José Valdez de Castro Moura.
Disponível em: <http://www.sbhm.org.br>. Acesso em: 09.01.2011.

ESCOLA DE CIRURGIA DA BAHIA.
Disponível em: <http://www.dichistoriasaude.coc.fiocruz.br>. Acesso em: 30.12.2010.

ESTUDOS MÉDICOS NA CAPITAL DO IMPÉRIO.
Disponível em: <http://www.bvschagas.coc.fiocruz.br>. Acesso em: 08.01.2011.

EURYCLEDES DE JESUS ZERBINI.
Disponível em: <http://pt.wikipedia.org>. Acesso em 27.12.2010.

EXPOSIÇÕES.
Disponível em: <http://www.museuvitalbrazil.org.br>. Acesso em: 12.01.2011.

FACULDADE DE MEDICINA DA USP HOMENAGEIA DR. ARNALDO.
Disponível em: <http://www.editorial.com.br>. Acesso em: 27.12.2010.

FDC.
Disponível em: <http://www.portaldoselo.com.br>. Acesso em: 06.02.2011.

HISTÓRIA DO INSTITUTO PASTEUR.
Disponível em: <http://www.pasteur.saude.sp.gov.br>. Acesso em: 16.08.2011.

HISTORY OF THE NEW YORK MEDICAL COLLEGE AND HOSPITAL FOR WOMEN. Sylvain Cazalet.
Disponível em: <http://www.homeoint.org>. Acesso em 27.12.2010.

INSTITUTO VACÍNICO DO IMPÉRIO. Alex Varela; Atiele de Azevedo de Lima Lopes; Patricia Santos Hansen; Francisco José Chagas Madureira.
Disponível em: <http://www.dichistoriasaude.coc.fiocruz.br>. Acesso em: 07.01.2011.

INSTITUTO DE INFECTOLOGIA EMILIO RIBAS – 125 ANOS. "O PIONEIRO NA SAÚDE PÚBLICA PAULISTA".
Disponível em: <http://www.emilioribas.sp>. Acesso em: 10.01.2011.

JOSÉ CORREIA PICANÇO. Leonel Vicente.
Disponível em: <http://carreiradaindia.net>. Acesso em: 30.12.2010.

JOSEFA AGUEDA: UMA HEROÍNA DE TEJUCUPAPO. Mário V. Guimarães.
Disponível em: <http://itarget.com.br>. Acesso em: 27.12.2010.

MADAME DUROCHER. UMA PARTEIRA DIPLOMADA. Maria Lucia Mott.
Disponível em: <http://www.amigasdoparto.org.br>. Acesso em: 25.02.2011.

MÉDICO SEM DIPLOMA. Márcia Moisés Ribeiro.
Disponível em: <http://www.revistadehistoria.com.br>. Acesso em: 08.08.2011.

MARIA AUGUSTA GENEROSO ESTRELLA.
Disponível em: <http://www.netsaber.com.br>. Acesso em: 27.12.2010.

MARIA AUGUSTA GENEROSO ESTRELLA. Yvonne Capuano.
Disponível em: <http://www.sbhm.org.br>. Acesso em: 27.12.2010.

MARIA AUGUSTA GENEROSO ESTRELA. Hélio Begliomini.
Disponível em: <http://www.academiamedicinasaopaulo.org.br>. Acesso em: 29.07.2011.

MEIO AMBIENTE DO SÉCULO PASSADO.
Disponível em: <http://zonaderisco.blogspot.com>. Acesso em 28.12.2010.

NASCE O IOC.
Disponível em: <http://www.fiocruz.br>. Acesso em: 05.12.2011.

NEM NOBRE, NEM MECÂNICO. A TRAJETÓRIA SOCIAL DE UM CIRURGIÃO NA AMÉRICA PORTUGUESA DO SÉCULO XVIII. Márcia Moisés Ribeiro.
Disponível em: <http://www.revistasusp.sibi.usp.br>. Acesso em: 08.08.2011.

ORIGENS DA ESCOLA DE FARMÁCIA DA UFOP.
Disponível em: <http://www.ef.ufop.br>. Acesso em: 23.04.2011.

OSWALDO CRUZ.
Disponível em: <http://www.oarquivo.com.br>. Acesso em: 06.01.2011.

OSWALDO CRUZ: DE VILÃO A HERÓI NACIONAL, O LEGADO DE UM CIENTISTA BRASILEIRO. Eduardo Santana.
Disponível em: <http://construindohistoriahoje.blogspot.com>. Acesso em: 06.01.2011.

PANDEMIA DE GRIPE DE 1918. Juliana Rocha.
Disponível em: <http://www.invivo.fiocruz.br>. Acesso em: 08.01.2011.

PERFIL/Dr. CARLOS DA SILVA LACAZ.
Disponível em: <http://www.sbhm.org.br>. Acesso em 15.08.2011.

PIONEIRA SÓ PODE ESTUDAR EM NOVA YORK. Janaina Abreu.
Disponível em: <http://www.almanaquebrasil.com.br>. Acesso em: 27.12.2010.

PREFEITO DE PETRÓPOLIS.
Disponível em: <http://www.projetomemoria.art.br>. Acesso em: 06.01.2011.

PRIMEIRAS PRODUÇÕES RELEVANTES.
Disponível em: <http://www.fiocruz.br>. Acesso em: 05.12.2011.

PROF. DR. ARNALDO AUGUSTO VIEIRA DE CARVALHO.
Disponível em: <http://www.santacasasp.org.br>. Acesso em: 27.12.2010.

RITA LOBATO VELHO LOPES. Yvonne Capuano.
Disponível em: <http://www.sbhm.org.br>. Acesso em: 27.12.2010.

SANTA CASA DA MISERICÓRDIA DO RIO DE JANEIRO.
Disponível em. <http://www.almacarioca.com.br>. Acesso em: 07.04.2011.

SEM MAUS COSTUMES OU A MULHER INVISÍVEL. Roni Filgueiras.
Disponível em: <http://www.faperj.br>. Acesso em: 13.01.2011.

SOCIEDADE BRASILEIRA DE HISTÓRIA DA MEDICINA: História e
Objetivos.
Disponível em: <http://www.sbhm.org.br>. Acesso em: 15.08.2011.

SOCIEDADE DE MEDICINA DO RIO DE JANEIRO. Alex Varela, Verônica
Pimenta Velloso, Andréa Lemos Xavier.
Disponível em: <http://www.dichistoriasaude.coc.fiocruz.br>. Acesso em:
03.02.2011.

SOCIEDADE DE MEDICINA E CIRURGIA DE SÃO PAULO.
Disponível em: <http://www.dichistoriasaude.coc.fiocruz.br>. Acesso em:
19.08.2011.

UM POUCO DA HISTÓRIA DO INSTITUTO DO CÂNCER DR. ARNALDO.
Disponível em: <http://www.doutorarnaldo.org>. Acesso em: 18.02.2011.

ICONOGRAFIA

Figura 1: Dr. Euryclides de Jesus Zerbini. Foto de Sergio Spezzia. Fonte: *Revista Brasileira de Cirurgia Vascular*, <http://www.rbccv.org.br>.
Figura 2: Dr. Adib Jatene. Fonte: Alexandre Almeida/Revista *Problemas Brasileiros*.
Figura 3: Dr. Arnaldo Vieira de Carvalho, 1907. Fonte: *A Cultura Brasileira* – Fernando de Azevedo.
Figura 4: Cartão-Postal. Faculdade de Medicina da Universidade de São Paulo na década de 1930. Fonte: <http://pt.wikipedia.org>.
Figura 5: Santa Casa de Misericórdia de São Paulo no início do século XX. Fonte: *Impressões do Brazil no Século Vinte*, editado e impresso na Inglaterra por Lloyd's Greater Britain Publishing Company, Ltd., 1913.
Figura 6: Pintura em vaso grego antigo mostrando um médico (iatrós) fazendo uma sangria. Fonte: <http://pt.wikipedia.org>.
Figura 7: Frontispício do livro *Erário Mineral*.
Figura 8: Cartão-Postal. Aqueduto da Carioca.
Figura 9: Fac-símile da última folha da carta de Mestre João Faras a El-Rei D. Manuel. O original está arquivado na Torre do Tombo, Portugal.
Figura 10: Capa da obra *Memória sobre os prejuízos causados pelas sepulturas dos cadáveres nos templos*. Fonte: <http://purl.pt>.
Figura 11: Botica – Boutique D'Apothicaire. Pintura de Jean Baptiste Debret. Fonte: *Viagem Pitoresca e Histórica ao Brasil*.
Figura 12: O cirurgião-barbeiro. Fonte: <http://www.wikigallery.org>.

Figura 13: Escravos carregadores de água. Pintura de Johann Moritz Rugendas. Fonte: *Viagem Pitoresca através do Brasil.*

Figura 14: *Tigres despejando dejetos.* Gravura publicada na *A Semana Ilustrada*, Rio de Janeiro, 1861.

Figura 15: Carta de D. Pedro II a Pasteur (1880). Fonte: *D. Pedro II e os sábios franceses*, de Georges Raeders, 1944.

Figura 16: Cartão-Postal. Faculdade de Medicina da Bahia no início do século XX. Fonte: <http://pt.wikipedia.org>.

Figura 17: Dr. José Corrêa Picanço. Fonte: <http://basilio.fundaj.gov.br>.

Figura 18: Dr. Raimundo Nina Rodrigues. Fonte: <http://pt.wikipedia.org>.

Figura 19: Dr. Adolfo Bezerra de Menezes. Pintura a óleo pelo artista português Augusto Rodrigues Duarte. Fonte: <http://pt.wikipedia.org>.

Figura 20: Painel que retrata a outorga da licença para o funcionamento do que seria a primeira Faculdade de Medicina, em Salvador, Bahia, feita pelo Príncipe Regente D. João. Compõem o Painel, além do Príncipe Regente entregando a carta ao Dr. José Corrêa Picanço, D. Fernando José de Portugal, o Comandante da nau Príncipe Regente, Capitão Manoel da Canto, o Príncipe da Beira (futuro D. Pedro I), Frei Custódio Campos Oliveira e duas damas. Óleo sobre tela do artista Arlindo Castellane. Fonte: Academia Nacional de Medicina.

Figura 21a: Envelope de Primeiro Dia de Circulação comemorativo dos 200 Anos da Chegada da Família Real ao Brasil. Empresa Brasileira de Correios e Telégrafos.

Figura 21b: Detalhe dos selos comemorativos dos duzentos anos de fundação das Faculdades de Medicina da Bahia e do Rio de Janeiro (2008). Empresa Brasileira de Correios e Telégrafos.

Figura 22: Primeira página da *Gazeta Medica da Bahia*, número 9 de 10 de novembro de 1866. Fonte: *Gazeta Medica da Bahia.* Tomo I. Julho de 1866 – Junho de 1867. Eduardo Cerqueira Falcão.

Figura 23: Cartão-Postal. Faculdade de Medicina do Rio de Janeiro, Praia Vermelha, 1918 – Prédio demolido em 1976. Fonte: *O Rio de Ontem no Cartão-Postal 1900-1930.* Paulo Berger.

Figura 24: Selo em homenagem aos 150 anos da criação da Academia Nacional de Medicina. Empresa Brasileira de Correios e Telégrafos, 1979.

Figura 25: Dra. Elizabeth Blackwell. Fonte: <http://en.wikipedia.org>.

Figura 26: Maria Augusta Generoso Estrella em 1879. Reprodução de jornal da época. Fonte: <http://www.faperj.br>.

Figura 27: Rita Lobato. Fonte: <http://www.muhm.org.br>.

Figura 28: Capa da Tese de Rita Lobato. Fonte: *A primeira médica do Brasil.* Alberto Silva, 1954.

Figura 29: Instituto Butantan em 1913. Fonte: <http://www.museuvitalbrazil.org.br>.

Figura 30: Interior do primeiro laboratório do Instituto Butantan. Fonte: <http://www.museuvitalbrazil.org.br>.

Figura 31: Instituto Bacteriológico, no terreno do Hospital de Isolamento, no final do século XIX. Fonte: *Impressões do Brazil no Século Vinte*, editado e impresso na Inglaterra por Lloyd's Greater Britain Publishing Company, Ltd., 1913.

Figura 32: Foto de Oswaldo Cruz oferecida a Vital Brazil (1904). Fonte: Museu Vital Brazil.

Figura 33: *Revolta da Vacina* – Charge de Leônidas. Fonte: Revista *O Malho*, 29 de outubro de 1904.

Figura 34: Cédula de 50.000 cruzeiros homenageando Oswaldo Cruz. Casa da Moeda.

Figura 35: Verso da cédula de 50.000 cruzeiros homenageando Oswaldo Cruz, onde podemos ver a imagem do Instituto de Manguinhos. Casa da Moeda.

Figura 36: Oswaldo Cruz – Charge de J. Carlos. Fonte: Revista *Careta*, de 31 de outubro de 1908, cuja manchete era: Dr. Oswaldo Cruz – General da Brigada Mata-Mosquitos. Último mártir da ciência.

Figura 37: Oswaldo Cruz – Caricatura de H. Frantz. Fonte: Revista francesa *Chanteclair,* de outubro de 1911. Representa Oswaldo Cruz atrás do Castelo de Manguinhos, combatendo a febre amarela e a peste bubônica.

Figura 38: Capa da *Revista da Semana,* de 2 de outubro de 1904 – Charge de Bambino sobre a vacina obrigatória.

Figura 39: Carlos Chagas no seu laboratório em Manguinhos. Fonte: <http://pt.wikipedia.org>.

Figura 40: Recepção ao Rei Alberto da Bélgica no Instituto Oswaldo Cruz, em 27 de setembro de 1920. Em primeiro plano, da esquerda para a direita: Epitácio Pessoa, Presidente da República, Rei Alberto e Carlos Chagas. Fonte: Revista *Careta*, número 641, de 2 de outubro de 1920.

Figura 41: Cédula de 10.000 cruzados homenageando Carlos Chagas. Casa da Moeda.

Figura 42: Verso da cédula de 10.000 cruzados homenageando Carlos Chagas. Casa da Moeda.

Figura 43: Selo comemorativo do centenário de Adolpho Lutz (1955). Correio do Brasil.

Figura 44: Cópia da primeira página da carta do Gilbert J. Van der Missen a Vital Brazil. Fonte: <http://www.museuvitalbrazil.org.br>.

Figura 45: Vital Brazil em 1892. Fonte: <http://www.museuvitalbrazil.org.br>.

Figura 46: Cartão-Postal. Vital Brazil, junto com seu assistente, extraindo veneno de cobra. Fonte: <http://www.museuvitalbrazil.org.br>.

Figura 47: Vital Brazil segurando várias cobras (1910). Fonte: <http://www.museuvitalbrazil.org.br>.

Figura 48: Cartão-Postal. Lembrança do V Congresso de Medicina e Cirurgia do Rio de Janeiro, em 1903. Victor Godinho, Theodoro Baima, Alfredo Brito (Presidente do Congresso) e Vital Brazil (Tesoureiro). Fonte: <http://www.museuvitalbrazil.org.br>.

Figura 49: Primeira sede do Instituto Vital Brazil em Niterói, 1919. Desenho de Augusto Esteves. Fonte: <http://www.museuvitalbrazil.org.br>.

Figura 50: Cédula de 10.000 cruzeiros homenageando Vital Brazil. Casa da Moeda.

Figura 51: Emilio Ribas. Fonte: <http://pt.wikipedia.org>.

Figura 52: Entrada do Hospital de Isolamento no fim do século XIX. Fonte: *Impressões do Brazil no Século Vinte*, editado e impresso na Inglaterra por Lloyd's Greater Britain Publishing Company, Ltd. (1913).

Figura 53: FDC XXXV Congresso Brasileiro de Cardiologia – Homenagem a Carlos Chagas (1979). Empresa Brasileira de Correios e Telégrafos.

Figura 54: FDC 150 anos de criação da Academia Nacional de Medicina (1979). Empresa Brasileira de Correios e Telégrafos.

Figura 55: FDC Prevenção do Câncer: Fundação A. C. Camargo – 30 anos (1983). Empresa Brasileira de Correios e Telégrafos.

Figura 56: FDC Centenário da Descoberta do Bacilo de Koch (1982). Empresa Brasileira de Correios e Telégrafos.

Figura 57: FDC Dia Nacional da Saúde – Campanha contra o Mal de Chagas (1980) – Primeira versão. Empresa Brasileira de Correios e Telégrafos.

Figura 58: FDC Dia Nacional da Saúde – Campanha contra o Mal de Chagas (1980) – Segunda versão. Empresa Brasileira de Correios e Telégrafos.

Figura 59: FDC Cinquentenário da descoberta e identificação do *Schistosoma mansoni* pelo Dr. Pirajá da Silva. Departamento dos Correios e Telégrafos.

Figura 60: FDC Dra. Rita Lobato – Primeira médica do Brasil (1967). Departamento dos Correios e Telégrafos.

Figura 61: FDC A Terra e o Homem – Dr. Oswaldo Cruz (1972). Departamento dos Correios e Telégrafos.

Figura 62: FDC Luta contra a Hipertensão (1978). Empresa Brasileira de Correios e Telégrafos.

Figura 63: FDC Centenário Vital Brazil – O descobridor do antiofidismo (1965). Departamento dos Correios e Telégrafos.

Figura 64: FDC Centenário de Nascimento de Orlando Rangel – Pioneiro da Indústria Farmacêutica no Brasil (1968). Empresa Brasileira de Correios e Telégrafos.

Figura 65: FDC XXXV Congresso Brasileiro de Cardiologia – Homenagem a Carlos Ribeiro Justiniano Chagas (1979). Empresa Brasileira de Correios e Telégrafos.

Figura 66: FDC Ano Mundial do Reumatismo (1977). Empresa Brasileira de Correios e Telégrafos.

Figura 67: FDC Centenário do Nascimento de Cândido Fontoura – Pioneiro da Implantação da Indústria Farmacêutica no Brasil (1985). Empresa Brasileira de Correios e Telégrafos.

Figura 68: FDC Dia Nacional do Diabetes (1992). Empresa Brasileira de Correios e Telégrafos.

Figura 69: Folhinha Comemorativa do Centenário de Nascimento de Vital Brazil (1965). Departamento dos Correios e Telégrafos. Empresa Brasileira de Correios e Telégrafos.

Figura 70: Folhinha Comemorativa do selo "Luta Contra o Câncer" (1948). Departamento dos Correios e Telégrafos. Departamento dos Correios e Telégrafos.

Figura 71: Folhinha Comemorativa do IV Congresso Brasileiro de Farmácia (1950). Departamento dos Correios e Telégrafos.

Figura 72: Folhinha Comemorativa do Combate à Lepra (1953). Departamento dos Correios e Telégrafos.

Figura 73: Folhinha Comemorativa do 5º Congresso de Homeopatia (1954). Departamento dos Correios e Telégrafos.

Figura 74: Folhinha Comemorativa do 1º Congresso Brasileiro de Medicina Militar (1954). Departamento dos Correios e Telégrafos.

Figura 75: Folhinha Comemorativa da Primeira Exposição Brasileira de Combate à Tuberculose (1953). Departamento dos Correios e Telégrafos.

Figura 76: Folhinha Comemorativa do Centenário de Nascimento de Adolpho Lutz (1955). Departamento dos Correios e Telégrafos.

Figura 77: Folhinha Comemorativa da Cura da Leishmaniose (1962). Departamento dos Correios e Telégrafos.

Figura 78: Folhinha Comemorativa do 390º Aniversário da Santa Casa do Rio de Janeiro (1972). Departamento dos Correios e Telégrafos.

Figura 79: Folhinha Comemorativa do Congresso Brasileiro de Psiquiatria, Neurologia e Medicina Legal (1948). Departamento dos Correios e Telégrafos.

Figura 80: Folhinha Comemorativa do II Congresso Brasileiro de História da Medicina (1953). Departamento dos Correios e Telégrafos.

Figura 81: Folhinha Comemorativa do Terceiro Congresso de Anestesiologia (1956). Departamento dos Correios e Telégrafos.

Figura 82: Folhinha Comemorativa da Propaganda da "Luta Contra o Câncer" (1948). Departamento dos Correios e Telégrafos.

Figura 83: Folhinha Comemorativa do VII Congresso Brasileiro de Cirurgia (1961). Departamento dos Correios e Telégrafos

Figura 84: Folhinha Comemorativa do 4º Centenário da Santa Casa de Misericórdia de Santos (1943). Diretoria Regional dos Correios e Telégrafos de São Paulo.

Figura 85: Inserção do nome do Dr. Vital Brazil no Livro do Mérito – Palácio da Presidência da República – 19 de novembro de 1942. Fonte: Acervo de Érico Vital Brazil.

Figura 86: Diploma conferido ao Instituto Serumtherapico Butantan pela premiação com a medalha de prata na Exposição Universal de Saint Louis – 1904. Fonte: Acervo de Érico Vital Brazil.

Figura 87: Diploma conferido ao Instituto Serumtherapico Butantan pela premiação com a medalha de ouro prata na Exposição Internacional de Higiene – Rio de Janeiro – 1909. Fonte: Acervo de Érico Vital Brazil.

Figura 88: Cartão de visita do Dr. Vital Brazil. Fonte: Museu Vital Brazil.

Figura 89: Fotografia tirada no Instituto Bacteriológico em 1898. Da esquerda para a direita: Bonilha de Toledo, Vital Brazil e Arthur Mendonça. Fonte: Museu Vital Brazil.

Figura 90: Santa Casa da Misericórdia do Rio de Janeiro. Quadro de Marc Ferrez, 1880. Fonte: <http://pt.wikipedia.org>.

Figura 91: Curioso telegrama, de 1954, ilustrado com propaganda do Xarope Tossilan para a tosse rebelde, bronquite, gripe. Departamento dos Correios e Telégrafos. Fonte: Acervo do autor.

Figura 92: Propaganda tradicional do Xarope São João do início do Século XX, produto do Laboratório Alvim & Freitas. Propaganda veiculada em bondes, ônibus, jornais e revistas até a década de 1960.

Figura 93: Cartão da Colleção do Xarope Roche ao Thiocol. Fonte: Acervo do autor.

Figura 94: Propaganda do Xarope Roche ao Thiocol. Fonte: Revista *O Malho* (1922).

Figura 95: Verso do Cartão da Colleção do Xarope Roche ao Thiocol. Fonte: Acervo do autor.

Figura 96: Propaganda do tradicional Xarope de Rhum Creosotado.

Figura 97: Capa da conferência apresentada por Emilio Ribas na *Society of Tropical Medicine and Hygiene*, em 1909, e publicada na *Revista Médica de São Paulo*, n. 10, em 31 de maio do mesmo ano.

Figura 98: Dr. Carlos Juan Finlay – O "velho maluco". Fonte: <http://pt.wikipedia.org>.

Figura 99: Mosquito *Stegomya fasciata*, rebatizado como *Aedes Aegypti* em 1926.

Figura 100: Manuel Dias de Abreu. Fonte: <http://www.acad-ciencias.pt>.

Figura 101: Sessão presidida pelo Dr. Rivadavia Corrêa e à qual assistiram os doutores Francisco Salles, Pedro de Toledo, Belisario Távora e Carlos Chagas, na Academia Nacional de Medicina. Fonte: Revista *Careta*, n. 167, de 12 de agosto de 1911.